AVIS
AU PEUPLE
SUR
SON PREMIER BESOIN;

PAR M. l'Abbé BAUDEAU.

NOUVELLE ÉDITION,

Revue & corrigée par l'Auteur.

A AMSTERDAM,

Et se trouve à PARIS,

Chez FR. AMBR. DIDOT aîné, Libraire & Imprimeur,
rue Pavée, près du quai des Augustins.

M. DCC. LXXIV.

AVIS AU PEUPLE

SUR

SON PREMIER BESOIN.

AVANT-PROPOS.

L'ENTIERE & parfaite liberté du Commerce des Grains, est la matiere de notre premier Traité sur le Commerce des Bleds.

Nous communiquerons au Public, dans le second, quelques connoissances pratiques, très utiles, sur la maniere économique de moudre les grains. Par cette méthode nouvelle, presque par-tout ignorée, l'on tire du même bled beaucoup plus de belle & bonne farine, que par la routine usitée dans la plupart de nos Provinces.

A ij

Nous traiterons dans la troisieme partie, de la maniere de faire le pain, & sur-tout de la proportion qui doit toujours régner entre le prix du bled & celui du pain.

Nous avons cru que ces trois petits Traités seroient utiles au Peuple. Dans le cas où nos principes feroient quelque peine aux Lecteurs, nous les prions de nous communiquer leurs difficultés avec confiance, par la voie de l'impression.

Les ennemis de la Liberté que nous défendons, nous ont attaqués clandestinement, & nous ont empêchés long-temps de répondre. Bien loin d'user de représailles, nous leur garantissons l'impression & la publication des Ouvrages qu'ils feront contre les nôtres; nous nous engageons d'en être les Editeurs, s'ils y trouvent le moindre embarras ou la moindre difficulté.

DE L'ENTIERE ET PARFAITE

LIBERTÉ

DU

COMMERCE DES BLEDS.

CHAPITRE PREMIER.

CETTE liberté est-elle toujours avantageuse au Peuple?

N°. PREMIER.

*Distinction du Peuple en deux partis,
par rapport au Commerce des Bleds.*

Quand on commence à réfléchir & à raisonner sur le Commerce des bleds, on trouve, aux premieres apparences, la Nation divisée en deux partis qui paroissent avoir des intérêts opposés.

Le premier est composé de ceux qui vendent des grains ; le second, de ceux qui en achettent sans en vendre. Dans le premier, sont d'abord ceux qui font valoir les terres; puis, les Décimateurs, les Seigneurs, les Propriétaires, qui sont payés en grains ; enfin , les Marchands qui achettent à meilleur marché pour débiter avec profit. L'intérêt naturel de ce premier parti femble être de vendre fon bled le plus cher qu'il peut.

Le fecond eft compofé de tous les autres hommes qui vivent actuellement dans les villes ou dans les campagnes , qui n'ont point de bleds , & qui font obligés d'acheter leur pain ; il femble que leur intérêt naturel eft d'avoir le grain au meilleur marché poffible.

N°. I I.

Ces deux intérêts font-ils fi oppofés qu'ils le paroiffent d'abord.

Quand on fe donne la peine d'y regarder de plus près , on trouve bientôt que cette oppofition d'intérêts n'eft pas auffi grande & auffi réelle qu'on l'avoit cru d'abord : car , voici , je crois , un raifonnement qu'il eft bien aifé de faire.

» Je fuis ouvrier en cette ville , je travaille pour quarante ou cinquante Bourgeois qui ont des terres & qui les afferment. Dans le fond, mon intérêt , à moi & à

tous les autres ouvriers de mon efpece,
eft que ces Bourgeois tirent un bon revenu
de leurs terres ; car , plus ils ont de rentes , plus ils font travailler & gagner les
Ouvriers & les Marchands. J'aurois donc
un double profit fi les revenus de ces Bourgeois pouvoient augmenter : premiérement, ils me feroient plus travailler pour
eux , pour leurs femmes , leurs enfants
& leurs domeftiques ; fecondement, ils
feroient auffi gagner davantage aux autres
Marchands & Ouvriers , & ceux-là, qui
font de mes pratiques , étant plus à leur
aife me feroient faire auffi plus d'ouvrage
& conféquemment j'aurois plus de profit.

Jufques-là , je ne me trompe point : fi
dans une Ville , cent ou deux cents Bourgeois fe trouvoient tout-à coup avoir le
double de revenu cette année qu'ils n'en
avoient l'an paffé, il y feroit certainement
meilleur pour les Ouvriers de toute efpece,
Maîtres ou Compagnons ; car enfin tous
ces Bourgeois-là n'enterreroient pas l'argent qui leur reviendroit de leur double
revenu : un ou deux avaricieux, paffe ; mais

A iv

tout le monde veut communément jouir de ſes rentes, c'eſt-à-dire les dépenſer en logement, en bonne chere, en domeſtiques : or, tout cela fait travailler les Ouvriers ; tout cela fait vivre le pauvre Peuple.

Au contraire, ſi ces deux cents Bourgeois ſe trouvent, cette année-ci & les ſuivantes, avoir la moitié moins de revenu qu'ils n'avoient les autres années ; comment voulez-vous qu'ils faſſent ? il faut bien qu'ils dépenſent moins. Voulez-vous qu'ils mangent leurs fonds pour ne pas diminuer leurs dépenſes ? Deux ou trois diſſipateurs le feroient peut-être ; mais le commun des hommes ſe retranche ſagement quand leurs rentes ſont diminuées. Oui, mais ſe retrancher & s'épargner, c'eſt faire moins travailler les Ouvriers ; c'eſt faire gagner moins au pauvre Peuple.

En faiſant cette réflexion ſimple & naturelle, nous voyons un premier article bien clair : c'eſt que tous les Marchands & tous les Ouvriers ont un grand intérêt que les revenus des Bourgeois, des No-

bles, des Eccléfiaftiques, des Villes &
des Campagnes augmentent plutôt que
de diminuer.

En effet, moi Ouvrier, moi Marchand, je ne puis pas efpérer de gagner
largement ma vie avec d'autres Marchands, d'autres Ouvriers, à moins que
ceux-là n'aient fait de bons profits avec
les Bourgeois. Si nous n'étions que nous
autres qui travaillions & qui négocions,
tout feroit bientôt fini ; car enfin, il nous
faut acheter fans ceffe du pain, du vin,
de la viande, des légumes, de la laine,
du chanvre, des peaux, du bois, & cent
autres chofes ; c'eft par-là que notre argent à tous s'en va : il faut donc qu'il
nous en revienne fans ceffe à tous tant
que nous fommes de Marchands & d'Ouvriers : or, d'où peut il nous revenir,
fi ce n'eft de ceux qui font valoir les terres & de ceux qui en tirent le revenu ?

Il n'y a qu'à nous confidérer tous, tant
que nous fommes, occupés à façonner les
marchandifes, à les trafiquer, à les voiturer, comme ne faifant qu'une feule

tête, qu'une seule grande communauté.
Nous voilà tous, qui dépensons sans cesse
hors de notre corps & communauté ; non
pas à des Ouvriers & Marchands comme
nous, mais à des gens de campagne, à
des Fermiers, à des Bourgeois propriétaires, à des Nobles, à des Prêtres, qui
vendent le bled, le vin, les bœufs, les
moutons, &c, le bois & toutes les autres
denrées. Il faut bien que nous recevions
tout cet argent-là de ceux qui sont aussi
hors de notre corps & communauté, non
pas des Ouvriers & Marchands comme
nous, mais des gens de la campagne,
des Fermiers, des Bourgeois, des Nobles
& des Prêtres ; sans quoi nous serions
bientôt ruinés.

Le revenu des gens de la campagne,
des Bourgeois, des Nobles, des Ecclésiastiques, n'est donc point une chose indifférente pour nous autres Marchands
& Ouvriers, c'est-là notre vrai, notre
seul gagne-pain à tous ; il faudroit être
fou pour se persuader le contraire.

Nº. III.

Le prix du Bled fait-il quelque chose aux revenus des Bourgeois, des Nobles, des Ecclésiastiques & aux dépenses des gens de la campagne ?

Tous ceux qui font valoir les champs recueillent du grain, c'est tout leur avoir; il faut qu'ils vendent leur grain pour payer toutes les marchandises qu'ils achetent, tous les Ouvriers qu'ils emploient, pour acquiter leurs impôts, leur rente ou leur ferme en argent. Les Décimateurs, les Nobles, les Bourgeois qui sont payés en grain, sont dans le même cas, il faut qu'ils vendent leur bled pour subvenir à tous leurs besoins.

Pour ceux-là, c'est une chose claire que leur revenu dépend précisément du prix des grains : un homme dont tout l'avoir consiste en cent septiers de froment par an, n'a que quinze cent livres en tout à dépenser quand le froment vaut 15 liv.

A vj

le feptier ; il auroit deux mille francs, fi le feptier valoit 20 francs (1).

Pour ceux qui afferment en argent, cela revient au même. Le Fermier fait fon compte avant de paffer fon bail ; & quel eft ce compte ? Le voici :» Je pourrai recueillir, bon an, mal an, tant de grains dans cette terre, l'un portant l'autre, & le plus fort couvrant le plus foible. Les grains fe vendent auffi, bon an, mal an, tant le feptier du fort au foible, je puis donc donner telle fomme de la ferme «. C'eft-là fon calcul.

On voit ici bien clairement que le prix des grains regle néceffairement celui de la ferme, & par conféquent le revenu annuel du Propriétaire qui afferme, & par conféquent fa dépenfe.

De tout ceci réfulte que nous autres Ouvriers, Marchands, Artiftes, Gens vivant de notre talent ou de notre induf-

---

(1) Le *feptier*, mefure de Paris, pefe deux cents quarante livres de froment.

trie quelconque, nous sommes pris dans un cercle par rapport à la valeur des bleds, sans pouvoir en sortir. Le prix du bled regle nécessairement une de nos plus grandes dépenses à nous tous : oui ; mais aussi ce même prix regle une des plus fortes portions de notre recette : nous gagnons tous notre vie en grande partie sur la dépense des gens de la campagne qui font valoir les terres à bled des Propriétaires, Bourgeois, Nobles, Ecclésiastiques, qui ont sur ces terres des redevances en grain & en argent : or la dépense de toutes ces personnes-là est plus forte quand le bled se vend bien, parceque leurs revenus sont plus grands ; leur dépense est moins forte quand le bled se vend mal, parcequ'ils ont moins de revenu.

Il n'est donc pas vrai que nous autres Ouvriers, Marchands & Gens vivant de nos talents, nous ayions intérêt à ce que le bled soit au plus bas prix possible ; si nous le desirions, on pourroit justement nous dire, vous ne savez ce que vous demandez :

le pain vous coûtera moins cher ; mais
vous recevrez moins d'argent de ceux
qui vous font tous travailler ; appellez-
vous cela un profit ? Non.

N°. I V.

N'y a-t-il pas un seul intérêt général commun à tous ?

Les réflexions que nous venons de
faire, conduisent à soupçonner qu'il n'y
a dans le vrai qu'un seul & même intérêt, tant pour les gens qui font valoir à
la campagne, que pour les Propriétaires,
Ecclésiastiques, Nobles & Bourgeois, &
pour tous les Artisans, Marchands &
gens vivant de leur talent ; car enfin, il
paroît que c'est tout de même pour les
premiers que pour les derniers, & qu'ils
font pris dans le même cercle.

On peut leur dire aussi : Vous desirez
que le bled se vende cher, parceque vous
aurez plus de revenu, plus d'argent à
dépenser, oui ; mais nous autres qui acheterons le pain plus cher, nous ferons
obligés de survendre nos marchandises,

nos façons ou nos journées ; autrement, comment voudriez vous que nous fissions ? Vous recevrez donc plus, mais vous dépenserez davantage ; est-ce là un profit ? Non ".

Il n'y a donc réellement à gagner pour personne, ni quand le bled est trop cher, ni quand il est à trop bon marché : voilà une vérité fondamentale.

Le véritable intérêt général, commun à tous, consiste donc en ce point, que le bled ne soit ni trop cher, ni à trop bon marché.

Mais où est-il ce point ? où faut-il le chercher ? comment y parvenir ? comment s'y maintenir ? C'est-là toute la difficulté que nous allons tâcher de trancher nettement.

N°. V.

Y a-t-il par-tout, en tout temps, un prix naturel du bled ?

Quand on parle d'un taux qui seroit par-tout & en tout temps le prix naturel du bled, la premiere idée qui vient à l'efprit, c'eft celle d'une valeur fixe, uniforme & invariable.

Mais comment pourroit-on avoir partout ce prix uniforme & invariable? Il faudroit que chaque pays eût exactement tous les ans la même quantité de grains, le même nombre de perfonnes & les mêmes moyens en argent ou autrement, pour régler les valeurs : or, tout le monde voit que c'eft-là une chofe impoffible.

N°. V I.

Grandes variétés fixes des climats.

Il eft bon de favoir ce qui fe paffe journellement dans le monde, fur-tout autour de nous, par rapport à la production & au commerce des bleds.

La France eft dans une pofition naturelle, fort remarquable & fort avantageufe. Au Nord de ce royaume il y a la Hollande, l'Angleterre, l'Allemagne & la Pologné, grands & vaftes Etats, qui n'ont pour récolte que des grains, du bois & des fourages. Ce font des plaines trop froides & trop humides pour qu'on y cultive des vignes, des oliviers, des orangers & citroniers, des mûriers à vers à soie, encore moins du coton, du sucre, de l'indigo & autres semblables productions qui exigent des pays très chauds.

Au midi de la France, il y a l'Espagne, le Portugal, l'Italie, où les terres font très chaudes & très fertiles; mais qui produisent moins de grains, pour deux raisons: la premiere, c'est qu'il y a beaucoup de vignes, d'oliviers, de mûriers, de saffrans, de citroniers & d'orangers qui occupent la terre fort utilement; cette raison là est naturelle. Mais il y en a encore une autre; c'est qu'en tous ces pays méridionaux il y a beaucoup de gens qui font riches d'ailleurs, qui tirent des revenus en argent des autres pays; c'est-à-dire de l'Europe, de l'Afrique, de l'Asie & de l'Amérique, comme font tous les Officiers & Bénéficiers de la Cour de Rome, tous les Négociants qui font le trafic des Indes Es pagnoles ou Portugaifes ; tous ceux qui ont fait fortune au-delà des mers , tous ceux qui vivent aux dépens du revenu qu'en tirent ces deux Gouvernements.

Ce grand nombre de perfonnes , riches, d'ailleurs que du pays qu'elles habitent , font obligées de tirer auffi, d'ailleurs, le pain qu'elles mangent ; d'autant mieux qu'il n'y en a pas même affez pour ceux qui vivent du produit du royaume , à caufe des vins , des fruits, des huiles, des foies, que ces pays fourniffent aux autres en grande abondance , leur climat y étant propre.

Il eft donc naturellement certain que le bled doit toujours être à meilleur marché au Nord de la France , fur-tout au fond de l'Allemagne & dans la Pologne , & plus cher au midi, c'eft-à dire en Portugal , en Efpagne , en Italie , & c'eft auffi ce que nous voyons arriver tous les ans.

Autre chofe , très bonne à favoir & à remarquer , c'eft que les gens du Nord qui n'ont que des grains , ont imaginé

les moyens d'en faire des boiffons ; c'eft-
à dire , des bierres & des eaux-de-vie ,
au lieu de vin qui leur manque ; comme
les gens du midi qui cueillent moins de
bled , ont du ris dont ils font ufage , &
beaucoup de fruits fecs ou confits qui leur
épargnent le pain. Nous autres François,
qui trouvons , chez nous , le bled & le
vin , nous en faifons le fond principal
de notre fubfiftance journaliere ; mais un
fait certain, c'eft que les Allemands , les
Polonois , les Hollandois , les Anglois
aimeroient bien mieux notre vin & l'eau-
de-vie qui en provient , que leur bierre
& leur eau-de-vie de grain , parcequ'en
effet les nôtres valent mieux.

A confidérer ainfi tous les royaumes
de l'Europe , en gros , il y a , générale-
ment parlant, trois prix naturels du bled.
Le prix du Nord, qui eft le bon marché;
celui du centre, qui eft le prix moyen; &
celui du midi, qui eft le plus cher.

Mais , fi on vouloit détailler chaque
partie , nous trouverions d'autres divi-
fions; & pour nous en tenir à ce qui nous

regarde ; la France, qui eſt large du Nord au Midi , n'eſt pas toute uniforme. Il y a des Provinces qui ne portent, comme les pays du Nord, que du grain, du bois, du fourrage ; par exemple la Picardie, la Normandie , la Beauce , &c. Il y en a qui ſont mêlées à-peu-près par moitié ; mais il y en a qui ſont plus en vignes, en oliviers, mûriers & autre culture, qu'en labourage. Rien de plus naturel, parceque les unes avoiſinent le Nord, les autres avoiſinent le Midi.

Il y a même une autre raiſon dans les Provinces méridionales & maritimes , c'eſt qu'elles fourniſſent encore des farines aux marins & à ceux qui habitent nos Iſles à ſucre.

Diſons donc encore, que tout naturellement il pourroit y avoir trois prix en France pour les grains, celui des Provinces méridionales & maritimes ſeroit le plus fort, celui du centre ſeroit mitoyen, celui des Provinces du Nord le plus foible.

Nº. VII.

Variétés locales accidentelles.

Jusqu'à présent nous avons raisonné sur le prix naturel des grains, sans faire aucune attention aux accidents qui dérangent les récoltes, & même la culture qui les précede; c'est cependant un article très considérable, relativement à chaque lieu particulier.

Par la variété des saisons, par l'alternative du froid, du chaud, de l'humidité, des sécheresses, il y a toujours des pays qui ont des récoltes médiocres, quelques-uns qui les ont bonnes, d'autres mauvaises; il y en a même qui les ont très bonnes, d'autres qui les ont très mauvaises.

Nous savons que ces alternatives arriveroient toujours, dans les divers Etats & dans les diverses Provinces, même en y supposant une égale culture des grains, & une égale richesse provenant soit des revenus du territoire, soit d'ailleurs.

Mais, c'est encore-là ce qui varie souvent dans chaque pays, par mille raisons de tout genre.

Par conféquent, c'eft une vraie chimere que l'idée d'un prix naturellement général, uniforme & invariable pour tous les pays : puifqu'il y a, 1°. des variétés générales & naturelles ; 2°. des variétés locales & accidentelles qui rendent toujours le bled plus cher en certains pays qu'en d'autres.

Il eft pourtant vrai de dire que les diverfités des faifohs influent beaucoup moins que les grandes caufes naturelles & uniformes du climat en général. La raifon en eft fimple : c'eft qu'il y a toujours une compenfation annuelle, qui remet à-peu-près les chofes au pair , chaque année, en Europe.

Comme il y a des pays, des territoires & des afpects de différentes qualités , & comme la plupart des accidents ne font que particuliers à une certaine étendue de pays, plus ou moins grande, il arrive qne, fi l'un éprouve une mauvaife faifon, l'autre en éprouve une bonne ; & , tout bien calculé, il fe trouveroit peut-être que les récoltes générales de l'Europe font à-

peu-près égales. Les années ſeches &
chaudes font du bien aux terres humides
& froides, elles brûlent les récoltes des
autres; les années plůvieuſes font du bien
à ces dernieres. Il y a plus ou moins de
grêles, d'inondations, de gelées, dans un
pays, & réciproquement dans un autre.

Obſervons ſur-tout que ces variétés locales & accidentelles font plus ſenſibles
dans les pays mitoyens, qui ont une
bonne partie de leurs récoltes en grains,
que dans ceux où les grains font preſque
tout, comme dans le Nord, & dans ceux
où ils ne font preſque rien, comme dans
le Sud. Un peu plus, un peu moins fait
beaucoup pour ceux qui font en poſſeſ-
ſion de recueillir à-peu-près ce qu'ils mangent; preſque rien pour ceux qui en vendent quatre fois plus qu'ils n'en conſom-
ment, ou qui en achettent quatre fois
plus qu'ils n'en recueillent.

N°. VIII.

*Le Commerce tend à former le prix naturel
du bled dans toute l'Europe, en corri-
geant les grandes variétés des climats,
& les vicissitudes accidentelles.*

Si chaque Peuple & chaque Province
gardoit ses bleds, sans en vendre à d'autres, il arriveroit infailliblement, au
moyen des grandes variétés naturelles du
climat & des accidents passagers, que les
uns auroient plus de grains qu'ils n'en peuvent consommer, & les autres, moins;
&, par conséquent, le pain seroit trop cher
chez les uns, & à trop bon marché chez
les autres.

Mais aussi les Etats ou les Provinces qui
n'ont que du grain, du bois & du fourrage,
s'ils ne vendoient leurs bleds que chez
eux, à trop bon marché, n'auroient pas le
moyen d'acheter des vins, des eaux-de-
vie, de l'huile, de la soie, & d'autres
denrées semblables.

Par la même raison, les Etats & les
Provinces qui sont en vignobles, en oliviers,

viers, en mûriers, en orangers & citroniers, ne pouvant vendre, faute d'acheteurs & de moyens; toutes leurs denrées
seroient à trop bon marché, ce qui occa-
sionneroit la destruction du revenu des
Bourgeois, des Nobles, des Ecclésiastiques, la diminution de leurs dépenses, &
de celles des gens de la Campagne, & par
conséquent moins de profit pour les Marchands, les Artisans, les Gens à talent
quelconques vivant sur cette dépense.

Les variétés, fixes ou accidentelles,
produisent donc, par elles-mêmes, cet effet
naturel, que ceux qui auroient du bled à
vendre le vendroient à trop bon marché,
que ceux qui seroient obligés de l'acheter,
l'acheteroient trop cher, ce qui est le mal
des uns & des autres.

Le remede naturel à ce mal est le commerce entre les Etats & les Provinces,
ou la communication réciproque qu'ils se
font de leurs denrées; par ce moyen, ceux
qui ont du grain à vendre en tirent le meilleur prix qu'il soit possible, & ceux qui font

B

obligés d'en acheter , l'ont au meilleur marché qu'il se puisse.

Supposons que le bled valût moins d'un sol la livre en Pologne , & plus de trois sols en Italie , ce seroit le prix ordinaire de ces deux Etats, sans le commerce. Qu'arrive-t-il, lorsque la communication est libre ? On achete une grande quantité de grains dans le Nord ; ces achats font hausser le prix jusqu'à dix-huit deniers : on porte ces grains en Italie, leur arrivée y fait baisser le prix jusqu'à deux sols & demi , car enfin il y a du profit à revendre à Rome deux sols & demi les bleds achetés à Dantzick à dix-huit deniers.

Quel est l'effet de ce transport & de ce commerce, c'est que le vendeur vend plus cher , & que l'acquéreur achette meilleur marché. Vous voyez qu'il y a un bien, & un grand bien, pour tous les deux, au lieu qu'il y auroit un mal, & un grand mal, à l'interdiction totale & absolue du commerce ou de la communication entre tous les Etats & toutes les Provinces, grand mal qui confifteroit en ce que le bled fe vendroit à trop bon marché dans le Nord, & s'acheteroit trop cher dans le Midi.

N°. I X.

Plus le Commerce a de liberté & de facilité, plus il tend à former le prix naturel du bled.

Après avoir ainfi corrigé la premiere idée qu'on eft tenté d'attacher à ce mot, prix naturel du bled; après nous être convaincus qu'il ne fignifie point un même prix général toujours uniforme & invariable dans tous les temps & dans tous les lieux, nous en fommes venus à voir que les variétés fixes ou accidentelles, formoient un premier prix très naturel, mais différent, fuivant les climats, les faifons, l'état de la culture des grains, & les autres circonftances ci-deffus expliquées.

Nous avons vu que ce prix naturel auroit deux effets infaillibles également fâcheux; le premier, dans les Pays où le grain feroit très abondant; le fecond, dans les Pays où il feroit très rare, foit par des caufes ordinaires, foit par des accidents extraordinaires. Suppofant tout commerce abfolument interdit entre ces Pays, les uns vendroient à trop bon marché, & même n'auroient pas de débit, d'où réfulteroit la perte d'une partie des récoltes ; les autres vendroient & acheteroient trop cher, & même il y auroit difette, & beaucoup de gens fouffriroient.

Au contraire, le commerce & les libres communications produifent néceffairement les effets oppofés ; ils font hauffer un peu le prix dans les endroits où eft l'abondance, & le font auffi baiffer dans ceux où eft la difette.

Il y a donc deux extrémités, favoir la plus grande gêne poffible, qui empêche abfolument toute communication, tout commerce entre les Pays où fe trouve l'exceffive abondance, & ceux où eft l'extrême difette ; celle-là fait tout le mal poffible aux acheteurs & aux vendeurs : au contraire, il y a la plus grande liberté, la plus grande facilité poffible pour la communication entre les Pays abondants &

les Pays disetteux : celle-là fait tout le bien possible aux acheteurs & aux vendeurs.

Entre ces deux extrémités, il y a les divers dégrés de facilité & de liberté du commerce des grains entre les Pays qui ont besoin d'acheter ; il est évident que plus on approche de la liberté parfaite, plus on en retire de profit ; plus on s'en éloigne, plus on ressent de perte & de préjudice.

N°. X.

Il y a donc toujours un prix naturel des Grains pour tous les pays ; ce prix n'est pas absolu, mais relatif ; pas fixe, mais variable.

Le vrai prix naturel des grains est donc, dans tous les royaumes du monde, dans toutes les provinces, cantons, bourgades, &c. , le prix que lui donne le commerce absolument libre, & les facilités naturelles du territoire.

Il faut entendre par facilités naturelles, tout ce qui rend le transport plus aisé &

moins difpendieux ; tels font les bons chemins, les canaux, les rivieres naviga-bles, les ports de mer.

Ainſi, deux pays également maltraités par le climat & les accidents, ne doivent pas eſpérer d'acheter les grains au même prix naturel ; ſi l'un eſt à portée de communiquer par mer aux Pays abondants, & ſi l'autre n'y peut communiquer que par voitures de terre.

Réciproquement, deux pays qui font dans l'abondance ne doivent pas eſpérer de vendre au même prix naturel ; ſi l'un a de grandes communications très faciles & très peu couteuſes, dont l'autre eſt abſolument privé.

N°. X I.

La juſtice défend de troubler le prix naturel des bleds.

Examinons maintenant ce que preſcrit la loi de l'équité par rapport au prix naturel des bleds, entendu de la maniere que nous venons de l'expliquer, c'eſt-à-dire le prix que le bled peut avoir moyennant la communication la plus libre, vu l'état naturel des facilités du commerce.

Rappellons la distinction que nous avons faite en commençant, de ceux qui vendent du bled dans le royaume, & de ceux qui en achetent ; il faut que justice soit observée entre eux : on ne doit pas avantager les uns au préjudice des autres ; c'est-à-dire, voler les premiers pour gratifier les seconds, ou dépouiller les seconds pour enrichir les premiers : c'est-là ce que prescrivent la loi naturelle & le devoir social. Mais, comment peut-on s'assurer de l'observer toujours bien, & le plus parfaitement qu'il soit possible ? Rien n'est plus simple.

Il n'y a qu'à ne jamais troubler en aucune maniere la liberté du Commerce des grains : cela paroît absolument évident. Dès que le Commerce sera parfaitement libre, à qui ferez-vous injustice ? qui est-ce qui aura droit de se plaindre ? Celui qui a du bled à vendre viendra - t - il vous dire, empêchez la communication afin que je vende plus cher. Vous lui répondriez : De quel droit voulez - vous que je force l'acheteur à payer trop cher ? Ce plus, que vous défireriez vendre, eft trop pour lui, puifqu'il ne le paieroit pas fi le Commerce reftoit libre. Autant vaudroit me demander la permiffion de lui voler ce plus dans fa poche ; car enfin, il aura tout de même cet argent-là de moins, quand je l'aurai forcé à vous le payer de furplus pour votre bled.

Vous répondriez pareillement à celui qui viendroit vous dire : Empêchez la communication afin que j'achete à meilleur marché ; c'eft demander la permiffion de voler l'argent dans la poche du vendeur. Toute la queftion fe réduit donc à favoir s'il y a aucune puiffance dans le monde qui ait droit, qui ait intérêt, qui ait même la volonté de donner authentiquement aux uns le droit de voler les autres, & cette queftion - là n'eft pas difficile à réfoudre.

Nº. XII.

Premiere raifon politique pour ne jamais troubler en rien l'entiere & parfaite liberté du Commerce des Bleds.

Ce ne feront jamais les Fermiers, ni le Clergé décimateur, ni les Propriétaires, nobles ou bourgeois, qui ont des grains à vendre, qui demanderont qu'on s'oppofe à l'entiere liberté du commerce ; ils fentent trop qu'il y auroit de l'injuftice, & qu'ils y perdroient plutôt que d'y gagner. Ce font les habitants des villes, les Marchands, les Artifans & les gens vivant de leur talent quelconque, qui ont fouvent demandé qu'on mît des obftacles à cette liberté, afin d'acheter le pain à meilleur marché.

Nous avons prouvé, dans le commencement, que ces gens-là perdoient euxmêmes, puifque les revenus diminuoient, & par conféquent la dépenfe de ceux qui les font vivre. Mais il faut, maintenaut, y regarder encore de plus près, pour fentir le mal qu'on fait à l'Etat en général

B v

& à tous les citoyens, quand on tient les bleds à trop bas prix , en empêchant la liberté du commerce.

Ceux qui font valoir les terres ont mieux le moyen quand le bled se vend bien , c'est-à-dire , quand le prix naturel est bon pour eux. Plus ils ont le moyen , plus ils mettent à leurs terres, plus ils les améliorent , plus ils défrichent.

Qu'en résulte-t-il, 1°. Qu'ils font plus travailler le pauvre peuple de la campagne ; car enfin , il faut plus d'ouvriers quand on augmente l'ouvrage. 2°. Que par cette augmentation de culture, ils ont plus de revenu , eux & leurs Bourgeois , s'ils font Fermiers , & par conséquent ils font plus gagner les Artisans , les Marchands & les Gens à talent de toute espece.

Et c'est-là du solide, du réel ; car enfin, c'est une augmentation des récoltes , des productions , des revenus, qui font vivre tout le monde.

Quand on empêchoit le Commerce des grains il y avoit quelquefois trois ou quatre années d'abondance ; alors les Fermiers, les Propriétaires, Bourgeois, Ecclésiastiques, Nobles, ne savoient que faire de leur bled, qui se gâtoit dans les greniers, que les rats & les vers dévoroient, qui leur coûtoit beaucoup, & ne leur rapportoit rien ; croyez-vous qu'ils eussent beaucoup d'émulation pour en faire venir davantage ? Demandez à un Marchand s'il commande beaucoup d'étoffes aux Manufacturiers, quand son magasin est tout plein & qu'il vend mal ? Non. Ils n'avoient donc pas envie de dépenser à leur terre, & quand ils l'auroient voulu, comment l'auroient-ils fait ? ils n'avoient que du grain, qui étoit à vil prix, dont personne n'avoit besoin, & qu'on ne prenoit pas en paiement.

Au contraire, quand le bled s'est bien vendu, promptement & en bon argent, vous avez vu tout-à-coup les gens qui font valoir, s'empresser à en faire venir encore davantage dans leurs champs ; rien n'est plus naturel. C'est comme le Marchand qui commande vîte cent bal-

les de marchandiſes, quand il en a dé-
bité promptement & à bon compte ſoixante ou quatre-vingt.

Ainſi le royaume proſpere quand le
bled ſe vend bien, comme nous l'avons
vu en 1765 & 1766, années d'aſſez bonnes récoltes & de bonnes ventes.

N°. X I I I.

Seconde raiſon politique pour ne jamais
troubler en rien la liberté du Commerce
des Grains.

Par la même raiſon qui vous engage,
à titre de juſtice & de bonne politique,
à laiſſer les communications abſolument
libres, dans les années de bonnes récoltes, il eſt pareillement très équitable &
très avantageux de laiſſer cette parfaite
liberté dans les années moins bonnes,
ou qui approchent de la diſette.

Quel eſt le point de vue qu'on doit
ſur-tout ſe propoſer dans ces cas-là? C'eſt
de procurer à ceux qui achettent, le prix
naturel le plus avantageux pour eux. Or,
pour cela, que faut-il? La communication

la plus libre qu'il soit possible. C'est encore une chose évidente.

Il n'y a pas disette par tout à la fois dans toute la France, & encore moins dans tout le monde. S'il y a plus ou moins de nos Provinces qui souffrent, il y en a d'autres qui ont abondance, ou médiocrité.

D'ailleurs il y a une chose vraie, très vraie, mais qu'il faut bien apprendre, qu'il ne faut jamais oublier, qu'il faut dire à tout le monde, & répéter souvent; Quelle est-elle cette vérité ? La voici :

C'est qu'il y a toujours dans l'Europe beaucoup plus de grains qu'il n'en faut pour faire du pain à ses habitants. Il en vient dans les plus mauvaises années en Allemagne, en Angleterre, en Pologne, & en d'autres pays, beaucoup plus qu'on n'en mange dans tout le monde.

Que devient donc ce grain? Qu'en fait-on ? Des boissons, dont la quantité peut diminuer dans les temps où la disette de bled seroit par-tout, chez nous & dans le Midi : ce qui n'est pas ordinaire.

Au moyen de ces variétés & de la plus parfaite liberté des communications, perfonne n'éprouveroit ni les inconvénients de la trop grande abondance, ni ceux de la trop grande difette.

Mais, en fuppofant que nous euffions encore befoin de bled, après avoir compenfé librement les récoltes de nos Provinces les unes par les autres, que diroit la bonne politique fondée fur l'intérêt public ?

Qu'il faut établir, confirmer, autorifer mieux que jamais la plus abfolue liberté du commerce. Pourquoi ? C'eft qu'au moyen de cette entiere & parfaite liberté, tous les vendeurs qui auront du bled à bon marché dans le refte de l'Univers, s'empreffcront de nous l'apporter, & par là nous préferveront de la difette : c'eft fur quoi nous devons appuyer principalement.

N°. X I V.

Queftion fondamentale & très importante.

Il faut que chacun fe confulte & s'in-

rerroge foi-même de bonne foi. Suppofons que vous êtes un Négociant de Dantzick, de Lubeck , d'Amfterdam, & des autres endroits où l'on peut faire le commerce des bleds , où l'on a coutume de le
faire. Vous voyez que le grain eft à bon
marché dans tel & tel pays , qu'il eft très
cher dans tel ou tel autre, à un prix moyen
dans quelques-uns : je prends une Carte
& je vous dis ; tenez , voilà trois ou quatre Etats où vous pouvez faire le commerce de bled ; dans celui-ci vous avez
pleine franchife , liberté totale, vous en-
trerez ou fortirez à votre fantaifie , vous
vendrez ou ne vendrez pas ; quand il vous
plaira & comme il vous plaira ; dans celui là vous n'avez aucune efpece de liberté : on commencera par vous faire fu-
bir des formalités , & par vous faire
payer des droits ; puis on vous taxera votre bled au prix courant actuel ; puis on
vous forcera de le vendre à ce prix, dans
un temps & dans un lieu qu'on vous dé-
terminera , fans qu'il vous foit permis de
l'en fortir, ni même d'interrompre la vente,

moins encore de le renchérir pour quelque raison que ce soit (2).

Dans cet autre, vous n'aurez jamais
qu'une demie franchise. Dans le quatrieme enfin, il dépendra des circonstances & des événements que vous soyiez libre dans votre commerce, ou que vous
ne le soyiez pas : voilà l'état des choses,
faites là dessus vos spéculations.

Quel est le parti que choisira le sage
Négociant ? auquel de ces pays se presse-
ra-t il d'arriver le premier, & de porter le
plus qu'il pourra de bons bleds ? A celui
où régnera la plus grande, la plus parfaite liberté. Rien n'est plus évident, &
nul homme sensé ne dira de bonne foi le
contraire.

Mais si ce pays de liberté étoit en même-
temps un pays toujours pourvu naturel-

----

(2) Ceci n'est pas une fiction ; il y a dans le
monde une grande Ville Capitale, où toutes ces
gênes avoient été mises sur le Commerce du bled,
même avec ce qu'on appelle *forme légale*, chez
un Peuple & dans un siecle que les Beaux-Esprits
appellent éclairés.

lement d'excellentes denrées de bon débit dans les lieux où les bleds font abondants ; par exemple , s'il y avoit des vins , des eaux-de-vie , des huiles, des étoffes , des fruits ; ne feroit-ce pas une feconde raifon de préférence pour le Négociant , qui feroit bien fûr de fe charger en retour de bonnes marchandifes , & d'y gagner encore ?

Telle feroit la pofition du Royaume de France, s'il y regnoit une liberté parfaite par rapport au commerce des bleds. Les Négociants Hollandois & ceux du Nord s'informeroient avec grand foin de l'état de nos récoltes, & du prix des grains dans nos Ports ; afin de nous en apporter à meilleur marché , dès que nous ferions feulement menacés de la plus petite difette. Ils n'y rifqueroient jamais rien, puifque les bleds des pays Septentrionaux, font toujours à meilleur marché que les nôtres , même dans les années où nous avons abondance & liberté.

Ces Négociants viendroient avec d'autant plus d'empreffement & de confiance, que nos Ports font précifément fur la route des Etats du Midi, qui ont plus befoin de bleds que nous, & dans lefquels il eft toujours un peu plus cher. Si les grains ne payoient aucuns droits dans nos Ports, n'effuyoient aucune formalité gênante, & pouvoient toujours entrer ou fortir librement au gré des vendeurs, il n'y a pas un feul Négociant qui ne prît le parti de nous les envoyer de préférence dans les années où nous en aurions befoin.

Ce qui les y exciteroit le plus, c'eft l'extrême facilité qu'ils auroient, dans nos Ports, à fe charger, pour le retour, de bon vin, de bonne eau-de-vie, de bonnes huiles, de bon fel & de toutes fortes de marchandifes, foit de notre cru, foit de nos Ifles, comme fucre, caffé & autres femblables.

Second objet politique pour ouvrir nos Ports à ces vendeurs de bled du Nord, dans un temps où nous avons befoin d'en acheter; c'eft que par-là nous facilitons aux Poffeffeurs de nos vignobles, aux Cultivateurs de nos denrées précieufes, aux Négociants des productions de nos Colonies d'Amérique, & à nos Fabriquants, le débit de leurs marchandises.

Quand nous n'avons pas besoin des grains du Nord, les habitants qui en ont toujours immensément au-delà de ce qu'ils en mangent, sont obligés de les boire ; c'est-à-dire, de les convertir en bierres & en eaux de vie. Ces boissons leur tiennent lieu pour lors de celles qu'on tire de nos raisins ; & comme ils ont moins d'argent, ayant vendu moins de bled & l'ayant vendu à meilleur marché, quand nous autres François nous sommes au rang des vendeurs, & non pas au rang des acheteurs de grains ; alors il faut bien qu'ils boivent moins de nos liqueurs, & consomment moins de nos marchandises, ayant moins de quoi les payer.

N^o. X V.

La liberté la plus entiere & la plus absolue du Commerce des Bleds, est donc toujours un bien pour le Peuple.

De tout ce que nous venons de dire,

il s'enfuit bien clairement que la liberté,
la plus parfaite, eft la feule regle fondamentale de la Juftice & de la Politique.

Il s'enfuit encore que cette liberté forme
feule dans tous les temps, dans tous les
lieux, le vrai prix naturel des bleds, qui
n'eft ni trop cher, ni trop bon marché pour
perfonne.

Quand nous aurions abondance, le
bled feroit à trop bas prix ; les Fermiers,
les Bourgeois qui font valoir, les Eccléfiaftiques & les Nobles décimateurs ou
propriétaires auroient peu de revenu ; ils
feroient peu travailler le peuple ; ils n'auroient pas de moyens ni d'intérêt à augmenter leur culture & leur production.
L'entiere liberté leur procure un meilleur
débit, un prix plus avantageux, un plus
grand revenu, qui les encourage à faire
des améliorations à leurs terres, & qui
les met en état de procurer au peuple plus
d'ouvrage & de profit.

Quand nous aurions difette, le bled
feroit trop cher ; les Fermiers & les Propriétaires qui font valoir, les Décima-

teurs n'y gagneroient pas , n'en ayant que peu à vendre ; le Peuple fouffriroit ; les Bourgeois auroient de la peine à faire travailler des ouvriers dont le pain feroit trop cher. La liberté procure une diminution du prix , mais en même temps un bon débit de nos autres marchandifes ; d'où il réfulte que chacun eft plus à fon aife qu'il n'auroit été fans elle.

N°. X V I.

De l'Exportation & des mauvais raifonnemens qu'on fait fur ce mot.

Il y a beaucoup de gens dans le monde qui ne regardent jamais les chofes que d'un côté, & qui n'en voient auffi que la moitié. Ces perfonnes au lieu de parler comme on le doit de l'entiere & parfaite liberté du commerce des bleds , ne parlent jamais que d'exportation ; c'eft-à-dire, de vendre nos bleds aux étrangers. Il eft certain qu'ils ont tort; il faut excufer ceux qui le font à bonne intention, plaindre ceux qui le font à mauvais deffein , & fur tout fe défier de ceux qui ont intérêt à tromper le Public , les Tribu- naux & le Gouvernement.

L'entiere liberté fuppofe autant l'im- portation que l'exportation ; & c'eſt un article qui mérite examen. Quand le com- merce fera parfaitement libre , nous ne vendrons que quand il y aura profit à ven- dre ; nous acheterons quand il y aura pro- fit à acheter.

Pourquoi donc calomnier d'honnêtes citoyens , qui defirent & qui tâchent de procurer l'entiere liberté du commerce ? pourquoi vouloir les rendre fufpects aux Peuples & aux Puiſſances , fous prétexte qu'ils font partifans de l'exportation feu- lement ?

L'impreſſion que prend le peuple à ce mot , c'eſt qu'on veut emporter le bled hors du Royaume pour l'y vendre, & cela dans un temps où il eſt déjà cher , & où l'on craint d'en voir hauſſer le prix.

Or, certainement, en pareil cas , les perfonnes qu'on accufe de favorifer l'exportation , veulent précisément le contraire. C'est l'importation qu'elles souhaiteroient de procurer.

Mais quel est le moyen de procurer cette importation ? C'est la liberté la plus entiere ; la plus parfaite liberté ; nous l'avons démontré ci-dessus. Pour exciter les Négociants de Hollande & ceux du Nord à nous apporter des bleds quand nous en avons besoin , il faut qu'il n'y ait ni gênes, ni exactions sur ce commerce ; mais franchise & plein pouvoir de faire tout ce qu'on veut de sa denrée.

N°. XVII.

Preuves par l'expérience , des bons effets de la liberté du Commerce des Bleds.

Une des meilleures preuves dont nous puissions appuyer des vérités d'ailleurs si simples & si aisées à concevoir, ce sont les expériences de plusieurs pays & de plusieurs années ; en voici quelques-unes qui ne laisseront aucun doute dans l'esprit.

Premiere Expérience.

La Hollande.

Tout le monde sait qu'il ne vient point de grains dans le pays de Hollande & de Zélande, qui sont si peuplés & si couverts de grandes & riches villes. A la place de la production il y a pleine & entiere liberté de commerce. Qu'en arrive-t-il ? Jamais de famine, un prix à peu près égal du grain & du pain.

Il faut remarquer que dans ce pays-là les journées d'ouvriers, les gages des domestiques, les loyers, la nourriture, les meubles & les vêtements sont beaucoup plus chers qu'en France, & même qu'à Paris ; que les maîtrises coûtent fort cher, & qu'il y a des impôts très considérables sur le pain même.

D'où il résulte que la façon du pain y est beaucoup plus chere qu'à Paris, & qu'il n'y a pas la même proportion entre le prix du bled & celui du pain, que nous pouvons & que nous devrions avoir en cette capitale.   Or

Or, dans ce pays, où il ne croît pas de bled, dans cette ville maritime, où tout eft fi cher, à Amfterdam, le bon pain blanc ne fe vendoit que trois fols la livre, le 21 Décembre 1767. Nous en avons, fous les yeux, la note publique imprimée, & nous la tenons de M. l'Ambaffadeur de Hollande; le bon froment commun fe vendoit à Amfterdam cinq livres le laft, qui pefe quatre mille huit cents livres; ce qui fait par conféquent vingt deniers la livre de bled, & vingt francs le feptier de Paris.

Et, felon la lifte imprimée, il y avoit en vente de feize fortes de froment, de fept fortes de feigle, de huit fortes d'orge de différents pays, royaumes ou provinces : voilà ce qu'opere la liberté.

II. Expérience.

L'Angleterre avant 1689.

Une expérience bien frappante, c'eft celle de l'Angleterre, depuis 1643, jufqu'en 1689. Alors, le commerce des grains n'étoit pas libre, mais au contraire fou-

C

mis aux mêmes gênes que nous avions
en France avant 1763. Qu'en arrivoit-
il ? Des alternatives de difette & d'a-
bondance, qui rendoient tantôt le bled
trop cher, tantôt à trop bon marché. Les
Propriétaires des terres & ceux qui les
faifoient valoir, étoient découragés ; on
laiffoit la plus grande partie des plaines
en pâtures, en communaux, en landes
& bruyeres.

Au milieu de tout cela le bled avoit
couté au peuple, bon an, mal an, plus de
trente livres de France le feptier de Paris, pendant ces quarante-cinq années,
c'eft-à-dire, depuis 1643, jufqu'en 1689 :
& il y avoit eu des famines affreufes,
quoiqu'on défendît bien févérement la
fortie des bleds d'Angleterre, comme on
le faifoit ci-devant en France, & comme
bien des gens voudroient qu'on le fît encore.

III. Expérience.

L'Angleterre depuis 1689.

Tout au contraire de ce qu'on avoit
fait jufqu'alors en Angleterre ; tout au

contraire de ce qu'on faisoit encore en France jusqu'en 1763 ; tout au contraire de ce que bien des gens voudroient encore nous faire faire ; le roi Guillaume qui avoit vu en Hollande l'effet que produisoit la liberté du commerce des grains, l'établit en 1689, & pour y accoutumer mieux & plus vîte les Anglois, il fit accorder une gratification à ceux qui sortiroient du bled d'Angleterre, pour le vendre à l'étranger. Qu'en est-il arrivé ? que depuis 1689, jusqu'à ces derniers temps, le bled n'a couté au peuple que 25 livres de France le septier de Paris, bon an, mal an, sans aucun mélange de cherté extraordinaire, ni de famine ; que les Propriétaires & les Fermiers se sont mis à défricher leurs terres, que leurs revenus ont doublé, & qu'en plusieurs provinces, il y a eu dix fois plus de récoltes, dix fois plus de maisons, & d'ouvriers.

Voilà l'effet qu'a produit une liberté qui n'étoit pourtant pas parfaite.

IV. Expérience.

L'Angleterre, aujourd'hui.

Un exemple bien plus frappant encore, c'est celui de ce qui se passe aujourd'hui en toute l'Angleterre. Comme les dernieres guerres, le systême d'administration de la Grande-Bretagne, de son négoce, de ses finances & de ses Colonies, a rendu les denrées plus rares, & les journées, ouvrages ou marchandises, plus cheres ; le peuple s'en est pris il y a déja deux ans au commerce des bleds & à la liberté qu'il trouvoit trop grande.

Il y a eu tant de murmures, d'écrits séditieux, de troubles & d'émeutes populaires qu'on est parvenu à faire défendre la sortie des grains : en même temps on a invité les Etrangers à en apporter (ce qui est contradictoire, comme nous avons vu, car le commerce va où il est libre, & fuit la gêne) ; qu'en est-il arrivé ? la récolte de 1767 & les suivantes ne furent pas plus mauvaises qu'à l'ordinaire ; cependant les Anglois furent dans la disette , plusieurs années consécutives.

La défense de sortir n'est donc pas un bon remede , car les Anglois qui s'en sont servis pour les bleds , depuis 1765 , s'en trouvent mal à présent.

On dira peut-être qu'il n'y avoit pas de bled dans le monde pour les fournir ; mais il faut savoir que les Marchands du Nord ont porté du froment en Italie, à Livourne, & qu'il n'y fut vendu que 18 deniers la livre, ou 18 francs le septier de Paris , au mois de Mars 1767 ; il faut savoir que ce bled avoit passé devant les Ports Anglois, qu'il avoit fait un tour de plus de trois cents lieues au-delà de ces Ports pour entrer dans la Méditerranée.

Il étoit bien plus court & plus profitable d'entrer dans la Tamise ; oui ; mais la défense de sortir repoussoit les Etrangers ; c'est l'effet qu'elle aura toujours.

Nous prions tous nos lecteurs de réfléchir sur ces époques de l'Angleterre , ce font des faits très certains , connus de tout le monde. Avant 1689 , point de liberté, famines, pertes de revenus, terrés en friche, dépopulation. Après 1689, liberté, (au moins affez grande, finon parfaite), point de famine, culture opulente, grande richeffe dans le peuple, giande population.

En 1765, 1766 & 1767, clameurs & entreprifes, coups d'autorité contre la liberté, famine qui continua plufieurs années, malgré toutes les défenfes de fortir des bleds, & l'invitation aux Etrangers d'en apporter.

Pendant que tous, vis-à-vis de l'Angleterre, les Hollandois, par exemple, qui n'ont pas de grains chez eux, mais la liberté, ne reffentent aucune difette, & font comme à l'ordinaire.

Il faudroit être bien entêté pour réfifter à ces expériences : nous en allons ajouter encore trois.

V. Expérience.

Génes.

La République de Gênes ne recueille point de grains dans fon territoire, il eft

tout en oliviers , mûriers , orangers , citroniers , &c. elle achetoit ses grains de
la Lombardie , qui est voisine. Le Gouvernement de cet Etat voulut mettre des
conditions & des droits qui gênoient le
commerce des bleds. Les Gênois se re-
tournerent , ils accorderent pleine franchise dans leur Port à tout commerce de
bleds ; depuis ce temps, ils n'en ont jamais manqué, & ils n'éprouvent aucune
disette , pendant que les Etats du Pape ,
où il y a des prohibitions & des précautions de toute espece , manquent très
souvent.

VI. EXPÉRIENCE.

La Sicile.

Tout le monde sait que l'Isle de Sicile
est naturellement la plus fertile du monde
en froment, il y vient sans semer ; une
terre qui n'a pas été cultivée depuis plusieurs années , en pousse d'elle - même
comme les nôtres portent des hiebles &
des chardons.

Autrefois la Sicile fournissoit Rome ,

qui contenoit des millions d'hommes, toute l'Italie qui étoit couverte d'habitants , & cette Isle de Sicile étoit alors elle même excessivement peuplée.

Aujourd'hui le commerce des grains n'y est pas libre , qu'en arrive-t-il ? Rien n'est plus étonnant que le peu qu'elle produit , que le peu d'habitants qu'elle contient , que le peu de grains qu'elle vend au dehors.

VII. EXPÉRIENCE.

Colonies Angloises en Amérique.

La plupart des établissements qu'ont faits les Anglois dans l'Amérique Septentrionale , sont tout récents , c'est-à-dire , de ce siecle ci ou de la fin du dernier ; ils jouissent de la liberté du commerce des bleds ; qu'en résulte-t-il ? Qu'ils n'ont point de disette , une grande & magnifique agriculture , une forte population ; en sorte que ces Colonies sont vraiment opulentes. Elles vendent beaucoup de grains & de farines , elles n'ont jamais de famine ni de cherté.

N°. XVIII.

Réfumé du Chapitre premier.

De tout ce premier Chapitre, il réfulte que la Juftice, qui eft la premiere
de toutes les Loix, & que nul homme n'a
droit de violer, la Raifon, la faine Politique & l'Expérience de plufieurs lieux, de
plufieurs temps, vous difent que la
meilleure de toutes les Loix eft celle qui
donne la plus entiere, la plus parfaite liberté au commerce des grains.

Que le véritable, le feul intérêt de tous
les hommes qui compofent la Nation
Françoife, eft de réclamer cette entiere
& parfaite liberté.

Que le devoir de tous & d'un chacun eft
d'y contribuer, fur-tout de ne jamais rien
dire, rien faire, rien permettre qui
puiffe la troubler ou l'altérer le moins du
monde.

Mais il ne faut pas diffimuler qu'il y
a des objections à examiner, c'eft ce que
nous allons faire dans le fecond Chapitre.

C v

CHAPITRE II.

L'ENTIERE & parfaite liberté du commerce des grains n'a-t-elle pas des inconvénients ?

Nous pouvons diviser en deux claſſes tous les inconvénients que l'on a coutume de craindre, qui rendent ſuſpecte la liberté du commerce des bleds à des perſonnes bien intentionnées, mais timides & peu inſtruites ; inconvénients qui ont ſervi de prétextes aux faux Politiques & aux Monopoleurs, dont la traite des bleds fit trop longtemps l'opulence. Les uns ſont des inconvénients naturels ; les autres ſont des inconvénients factices. Nous allons les examiner ſucceſſivement.

Nº. PREMIER.

Expoſé des prétendus inconvénients naturels.

On peut appeller inconvénients naturels ; ceux qui réſulteroient (à ce que diſent les préjugés) de la liberté même, &

du cours ordinaire des choses , sans qu'il y eût aucune fraude , aucune adresse de la part des hommes intéressés à fonder leur fortune sur le malheur public.

Voici en quoi consistent ces inconvénients , suivant l'opinion vulgaire.

» Chaque récolte des bleds nous donne une année d'abondance , de médiocrité ou de disette. Dans ces trois cas , ne peut-il pas résulter beaucoup de mal de la liberté totale du commerce des grains » ?

1°. Dans les années d'abondance , nous aurions le pain à très bon marché ; alors nos ouvriers travailleroient à très bon compte ; leurs journées & façons n'étant pas cheres, nous pourrions vendre à plus bas prix que tous les autres peuples de l'univers les marchandises façonnées en France ; par cette vente , nous attirerions l'argent de l'étranger , & par conséquent nous enrichirions le royaume. Raison politique relative à la balance du commerce ; grande & sublime spéculation du fameux Colbert , dont tout l'avantage seroit perdu par l'entiere liberté de la traite des bleds dans les temps d'abondance.

2°. Dans les années médiocres, où le prix est mitoyen, ce seroit bien pis ; il y a déjà un grand mal que la médiocrité fasse renchérir les journées des ouvriers, & par conséquent diminuer l'avantage de notre commerce, mais il y a de plus grands maux à craindre si on laissoit la liberté absolue. Il pourroit bien se faire que d'autres pays voisins essuyassent la disette à leur tour ; par conséquent, le bled y seroit plus cher que chez nous, qui aurions une année médiocre ; par conséquent, il y auroit profit à nos marchands à y faire passer nos bleds ; ce qui augmenteroit encore le prix chez nous. De plus, si cette année médiocre étoit suivie d'une mauvaise, (ce qui est possible) le royaume se trouveroit épuisé de bled ; alors le grain seroit très cher ; alors il faudroit racheter notre provision, le double & le triple de ce que nous l'aurions vendue. Il y a donc un mal & un grand danger à laisser le commerce des grains libre dans les années de médiocrité.

Enfin , dans les années de disette comment voulez-vous laisser pleine & entiere liberté ? N'est-ce pas ruiner tout le monde ? Car , ou il sortira des bleds , ou il en entrera , ou il n'y aura ni entrée ni sortie. Dans le premier cas , vous mettrez la famine , puisque vous enlevez encore à la disette ; dans le second , vous faites tort aux Propriétaires & aux Cultivateurs nationnaux. Ils ont recueilli peu de bled , leur seule ressource est de le vendre plus cher ; vous admettez les étrangers à faire entrer le leur qui fait baisser le prix , les Propriétaires & les Cultivateurs sont ruinés sans ressource.

Notez encore que les étrangers s'empresseront d'apporter beaucoup de bleds ; qu'ils l'emmagasineront dans le royaume ; ensorte qu'ils vous approvisionneront pour deux ou trois ans , & cela pour un prix au-dessus du médiocre ; ils emporteront donc votre argent en très grande quantité , & ils vous laisseront à la place , des bleds dont vous n'auriez que faire , des bleds qui feront l'année suivante un

Ne foyez donc pas en peine de l'argent, ni s'il va , ni s'il vient dans le Royaume ; penfez à avoir de bonnes denrées, de bonnes marchandifes , avec pleine liberté de vendre & d'acheter. Moyennant les bonnes denrées , & la liberté, l'argent vient à ceux qui veulent en avoir ; moyennant l'argent & la liberté, on a tout ce qu'on veut pour jouir de fa richeffe.

Ceci eft très vrai pour un Propriétaire, très vrai pour cent, pour mille , pour un million, pour dix millions de Propriétaires , qui feroient un grand Royaume.

Les bonnes denrées étant vendues cette année , il en reviendra d'autres l'année prochaine ; on les revendra : l'argent reviendra ; on le redépenfera , & ainfi tous les ans.

Mais , s'il n'y a point de denrées qui reviennent annuellement , l'argent une fois dépenfé, tout eft fini. La prétendue richeffe, qui vient d'un peu d'argent accumulé , n'eft donc pas grand'chofe. C'eft un fonds toujours renaiffant qui fait les d'argent, fi d'ailleurs on ne manquoit d'aucune des commodités & des agrémens de la vie, avec la pleine liberté d'en ufer à fon gré.

Quand deux hommes ont fait un marché, que l'un vient d'acheter de quoi fe faire un bon habit; lequel des deux eft le plus riche, ou du Marchand qui a l'argent, ou de l'acheteur qui a le drap ? Ni l'un, ni l'autre.

N'en eft-il pas de même de deux Peuples. Vous vous dites, voilà un Royaume bien riche : pourquoi ? c'eft qu'il a beaucoup d'or, & qu'il peut acheter des autres Royaumes tout ce qu'il voudra. Moi, je vous dis que voilà un autre Royaume bien riche; pourquoi ? c'eft qu'il a beaucoup de denrées & de marchandifes qu'il peut vendre.

Vous allez voir, quand ce Royaume fi riche, dont vous parliez, voudra faire valoir fa richeffe, que ce fera le nôtre qui vendra, & qui aura par conféquent à fon tour, l'or & l'argent qui vous plaifent tant.

Ne soyez donc pas en peine de l'argent, ni s'il va, ni s'il vient dans le Royaume ; pensez à avoir de bonnes denrées, de bonnes marchandises, avec pleine liberté de vendre & d'acheter. Moyennant les bonnes denrées, & la liberté, l'argent vient à ceux qui veulent en avoir ; moyennant l'argent & la liberté, on a tout ce qu'on veut pour jouir de sa richesse.

Ceci est très vrai pour un Propriétaire, très vrai pour cent, pour mille, pour un million, pour dix millions de Propriétaires, qui feroient un grand Royaume.

Les bonnes denrées étant vendues cette année, il en reviendra d'autres l'année prochaine ; on les revendra : l'argent reviendra ; on le redépensera, & ainsi tous les ans.

Mais, s'il n'y a point de denrées qui reviennent annuellement, l'argent une fois dépensé, tout est fini. La prétendue richesse, qui vient d'un peu d'argent accumulé, n'est donc pas grand'chose. C'est un fonds toujours renaissant qui fait les vrais riches. Auſſi, voyez-vous comment uſent de leur argent, tous les gens ſages qui en ont beaucoup gagné ? ils le placent en bons fonds , rapportant de bonnes rentes.

C'eſt tout de même pour la totalité d'un Royaume. Il y a des gens qui travaillent ſans ceſſe pour tirer de la terre de l'or & de l'argent , à la bonne-heure ; travaillons, nous, pour en tirer de bonnes denrées , & de quoi nourrir des ouvriers qui en façonneront de bonnes marchandiſes , & ſoyons bien ſûrs qu'il nous viendra une bonne partie de cet or & de cet argent, autant que nous voudrons & que nous en aurons beſoin, pourvu qu'on ne nous empêche pas de vendre librement nos denrées & nos marchandiſes à ces gens-là, ou à ceux qui trafiquent avec eux , de près ou de loin.

Il y a donc une grande erreur dans toutes les petites aſtuces par leſquelles les gens bornés s'imaginent attraper l'argent des Etrangers. On fait en grand ce qui ſe paſſe en petit : un homme a une terre, il la soigne, il y met pendant quelques années toutes ses épargnes, il étudie & pratique avec soin tout ce qui peut l'améliorer, il n'a que faire de s'intriguer davantage, pourvu qu'on lui laisse la liberté du débit, on viendra lui acheter ses denrées, on lui donnera de l'argent qu'il pourra dépenser à son gré. Au contraire, celui qui ne s'attache point à faire valoir son bien, a sans cesse besoin de s'intriguer, de s'agiter pour vivre d'industrie, il se donne beaucoup de peines, & souvent il réussit mal, d'autant plus mal encore, que quand il réussit, c'est au préjudice de quelqu'un ; car il n'y a qu'une certaine somme pour tous les hommes qui s'industrient ; & ce que l'un gagne, d'autres l'ont de moins.

C'est tout de même en grand pour les Etats & Royaumes : le plus sage, le plus certain de réussir avec moins de peine & de dangers, n'est pas celui qui s'industrie & se met à la torture pour guetter l'argent, & tâcher d'en avoir une plus grande portion par de petites subti-

lités ; c'eſt celui qui s'occupe tout bon-
nement de ſon territoire, de le faire
valoir, de l'améliorer, pour en tirer de
bonnes denrées, & qui fait de ſon mieux
pour établir la liberté, la pleine & entiere liberté de vendre & d'acheter.

L'autre prétendue Politique, déjà ta-
chée du défaut terrible d'être fondée ſur
des injuſtices, a donc encore celui d'être
la plus pénible, la plus fautive, la plus
dangereuſe.

Si tous en font autant (ce qui eſt toujours poſſible), il n'y a rien à gagner ; or
il ne dépend pas de vous d'empêcher
que les autres ne ſoient auſſi fins, auſſi
induſtrieux que vous.

Au contraire, quand vous faites venir
de la terre beaucoup de produits naturels,
vous ne prenez rien ſur perſonne ; bien
loin de-là, vous faites l'avantage de pluſieurs : ſi d'autres, de leur côté, font encore venir beaucoup d'autres richeſſes naturelles de la terre, tant mieux, les
hommes ſe multiplient, ainſi que leurs
travaux & leur bien-être.

N°. I V.

*Contradictions dans les idées , fur le prix
de la main-d'œuvre.*

Au refte , pour réfuter complettement
les idées des gens qui craignent la liberté , il faut en montrer l'inconféquence ;
car enfin, ou c'eft un bien que les façons,
journées & marchandifes foient à bas
prix , ou c'eft un mal ; fi c'eft un bien,
comment allez-vous faire ?

Vous retenez le bled dans le Royaume,
même dans les années d'abondance , afin
qu'il fe vende moins, & que les journées
ne foient pas cheres ; & votre but eft ,
dites-vous, de gagner l'argent de l'Etranger , pour enrichir la Nation.

Vous le répandrez donc dans la Nation cet argent de l'Etranger ? en ce cas,
tout encherira, je vous en avertis , à mefure que vous apporterez de l'argent chez
nous , que vous le répandrez parmi le
Peuple , & que vous l'y retiendrez ; cela
ne peut pas être autrement.

Vous voulez le bon marché & l'argent en

plus grande quantité , cela n'eſt pas poſſible , à moins que l'argent ne reſte en-
terré & hors de circulation , auquel cas ,
il eſt comme non avenu pour tout autre
que pour les Marchands, il ne ſert même
de rien à ceux-ci , tant qu'ils le tiennent
dans leur coffre.

Vous voyez bien que vous vous trompez , ou du moins que vous nous en im-
poſez ; vous faites une très grande in-
juſtice aux Cultivateurs & aux Propriétaires en leur ôtant la liberté qui eſt de
droit naturel , & que rien ne devroit jamais violer ; & vous dites que c'eſt pour
entretenir le bon marché des façons &
journées : quand je vous demande à quoi
ſert le bon marché , vous répondez que
c'eſt pour avoir plus d'argent ; mais plus
d'argent rendra tout plus cher s'il entre
en circulation par votre moyen ; vous demandez donc le meilleur marché pour produire la cherté , cela eſt abſurde & contradictoire.

Si ce n'eſt paspour que tout enchériſſe ;
en ce cas, vous nous trompez tous , vous

voulez donc le garder cet argent-là, vous autres Marchands, & continuer d'acheter, ni plus ni moins, tout à bon marché, vous tous qui trafiquez avec l'Etranger : mais en ce cas, nous ne profitons en rien de cet argent-là. Vous dites qu'il enrichit la Nation, cela eft faux, il vous enrichit vous, Trafiquants feuls, au préjudice des autres, c'eft à-dire, des cultivateurs, des bourgeois, des eccléfiaftiques, des nobles, & de tous ceux qui vivent fur leurs revenus, vous appellez cela l'avantage de l'Etat ? En bon François, c'eft un vol que vous déguifez fous ce beau nom, un vol fait avec violence, & dont vous rendez l'autorité complice.

Voilà ce que n'avoit pas vu Colbert, & ce qui pourtant eft bien aifé à voir.

Mais ce qu'il y a de plus contradictoire dans ce fyftême de terreurs chimériques & d'injuftices réelles, c'eft qu'on oublie tout-à coup, dans les années médiocres, le bon marché de la main-d'œuvre, qui fervoit, comme a vu, de prétexte pour gê-

ner la liberté dans les années d'abondance.

Si ce bas prix étoit néceſſaire, il faudroit donc ouvrir toutes les avenues du
Royaume, dès qu'il y a ſeulement danger
de médiocrité ; il faudroit donc accorder
la plus pleine franchiſe, la liberté la plus
abſolue : franchiſe & liberté ſont l'aimant
qui attire le commerce. Par elles, vous
verriez entrer à grands flots les grains du
Nord dans les temps de votre beſoin. Par
quel aveuglement a-t on cru qu'ils viendroient chercher des gênes, des exactions,
des taxes, des prohibitions ? ou ſi on ne
l'a pas cru, comment concilier cette ſeconde idée avec celle qui ſervoit de maſ-
que dans le temps de l'abondance ?

Revenons donc à la juſtice, à la vérité,
à la ſaine politique.

La juſtice vous dit qu'il faut laiſſer à
chacun ſa propriété, la liberté de diſpoſer
de ſon bien ; que les grains appartiennent
aux Cultivateurs & aux Propriétaires ;
que l'argent gagné par les Marchands,
les

les Ouvriers, les Artisans, les gens à talents quelconques, leur appartient; qu'il
faut laisser à chacun d'eux son avoir, & la
faculté de l'échanger à son gré : ainsi l'or-
donne la loi naturelle, le principe de
toute convention sociale, & il n'est point
d'autorité sur la terre à laquelle il appar-
tienne de transférer aux uns les propriétés des autres, puisque toute autorité n'est
& ne peut être instituée que pour assurer
& garantir à chacun ses propriétés envers
& contre tous.

Mettre des entraves à la liberté, pour
que le bled se vende plus cher, c'est voler
l'argent de la classe du peuple qui l'achette; gêner cette liberté, pour qu'il se
vende meilleur marché, c'est voler le grain
de la classe qui le vend.

La vérité vous dira que la France
occupant le centre de l'Europe, est si-
tuée le plus heureusement du monde
pour faire, avec avantage dans tous
les temps & circonstances, le commerce
des bleds; soit le commerce intérieur, de
province à province, soit le commerce

D

extérieur , de royaume à royaume. Quē dans les années d'abondance, elle peut vendre beaucoup & à très bon prix aux Pays du midi, aux marins & aux Colonies d'Amérique, d'Afrique & d'Afie, qui confomment des bleds ; que dans les années de la plus grande difette, elle pourra toujours tirer à bon marché des grains du nord , qui ne fe vendront, tout tranfportés , même dans l'intérieur du royaume, moyennant franchife , liberté , facilités , qu'à un prix fort peu fupérieur à celui de médiocrité.

Enfin la politique vous dira que ce prix naturel des bleds , qui feroit formé dans le royaume par la plus parfaite liberté du commerce, feroit un prix beaucoup moins variable que celui qui réfulteroit de tout autre fyftême ; que ce prix engageroit plus que tout autre moyen les propriétaires & les cultivateurs à faire valoir leurs terres de mieux en mieux , d'où réfulteroit immédiatement & néceffairement l'augmentation de nos récoltes, celui des revenus de tous les propriétaires particuliers, & par conféquent du Souverain ; la population & la profpérité de l'Etat.

Nº. V.

Des accidents factices , ou du monopole fur les bleds.

Quelques perfonnes timides, du nombre de celles qui cherchent toujours des fantômes pour fe faire peur , ont imaginé qu'il feroit poffible de monopoler fur tous les bleds du royaume, & que cette manœuvre mettroit d'abord les grains à vil prix, puis les porteroit à une valeur exceffive. Voici la fpéculation prétendue de commerce, que nous avons entendu propofer (de bonne foi, ou autrement). Tout homme fenfé jugera facilement du mérite de cet épouventail.

» Il fe peut , dit on , que des perfon-
» nes riches & puiffantes forment une
» Compagnie pour tous les bleds du
» Royaume , en les achettant de très
» bonne heure , au premier inftant de
» la récolte, ou même auparavant. Alors

» ils les auroient fûrement à bon marché;
» c'eſt le temps d'acheter le moins. Quand
» ils auroient fait toute leur emplette,
» ils feroient maîtres de vendre à leur
» gré, n'ayant point de concurrents, puiſ-
» qu'ils auroient tout arrhé ou enlevé :
» maîtres du prix, ils survendroient cher
» au pauvre Peuple, au Cultivateur mê-
» me, & au propriétaire «. Voilà la théorie. On ajoute de plus, avec grande confiance, que la pratique a commencé en pluſieurs endroits ; & nous ſavons que dans
une province très voiſine, qui devroit
être d'autant moins ſuſceptible de ces vaines terreurs, qu'elle a des rivieres navigables, & des ports de mer, on a fait un
grand bruit, & une belle peur panique
d'hommes noirs, qui alloient envahir tous
les grains.

N°. V I.

Premiere abſurdité de ces idées.

Ceux qui font dans Paris, & dans les
grandes villes, ces ſuppoſitions ridicules,
s'imaginent ſans doute que c'eſt une pe-

tite entreprife, que celle d'acheter tous les grains du royaume de France. L'idée fublime qu'ils ont des compagnies financieres, & le défaut de connoiffances rurales, leur fait envifager ce commerce comme une chofe ordinaire.

Cependant il eft bon qu'ils fachent que la récolte annuelle en grains, dont leur Compagnie feroit l'acquifition, eft un objet un peu confidérable ; ce doit être au moins foixante millions de feptiers, (y compris les femences & ce que mangent les animaux) qui mis à douze livres, l'un portant l'autre, ne font que fept cent vingt millions d'argent comptant, que couteroit cette emplette. Certes, la régie & la comptabilité d'une pareille entreprife exigeroit des frais affez confidérables, puifqu'il faudroit que les employés ou mandataires de la Compagnie envoyaffent dans tous les champs, ou dans tous le greniers ; qu'il fuffent en compte ouvert, d'abord avec tous les Cultivateurs & tous les Propriétaires, enfuite avec tous les Confommateurs , quand il faudroit revendre.

Cette opération exigeroit au moins un Commis par paroiffe, & des Surveillants, des Contrôleurs, des Caiffiers par Elections, par Généralités. A cent piftoles par Prépofé, l'un portant l'autre, c'eft plus de 50 mille Employés, qui couteroient plus de 50 millions.

Demandez, à préfent, aux efprits craintifs, s'ils connoiffent une Compagnie qui puiffe fe former fecrettement, & qui ne mette en avances qu'environ huit cents millions.

N°. V I I.

Seconde abfurdité de ces idées.

Le moindre apprentif Marchand diroit encore à ceux qui s'épouvantent d'une pareille chimere : Mais vous tombez dans une grande contradiction ; vous fuppofez qu'une ou plufieurs Compagnies achettent, dans un même temps, *tous* les bleds à bon marché. Cela ne fe peut pas. Dès qu'il y a des achetteurs qui ont le moyen ou le crédit, la marchandife enchérit ; le contraire eft impoffible. Si vous n'aviez qu'une Compagnie, elle auroit beau faire ; fi elle achette immédiatement avant la récolte ou immédiatement après, c'eft-à-dire fi elle accumule en deux ou trois mois les demandes & les achats qui fe font d'ordinaire en douze mois, elle fera certainement hauffer les prix : elle achettera donc cher, & non pas bon marché, comme vous le dites.

C'eft bien pis s'il y a plufieurs Compagnies ; car, il y aura émulation & concurrence. C'eft encore bien pis dans le fyftême de l'entiere & parfaite liberté : car, ces Compagnies n'ayant point de privilege exclufif, les particuliers achetteroient encore, ou pour eux, ou pour revendre.

C'eft donc une idée creufe que celle d'acheter à bon marché tout le bled à vendre dans la France.

Car il ne fuffit pas d'acheter dans une feule Province ; le commerce étant libre, tous les cantons voifins la rempliroient à mefure.

D iv

N°. VIII.

Troisieme absurdité de ces idées.

Il n'y a pas moins de contradiction à supposer que ces acheteurs, après s'être emparés de tous les bleds, les vendront cher dans l'état d'entiere & parfaite liberté.

D'abord il faut savoir qu'ils auroient besoin de les vendre très cher, car la régie de ce monopole coutant beaucoup de frais, il faudroit survendre excessivement; mais plus vous supposerez de cherté, plus vous rendrez leur vente impossible, les Etrangers arriveroient en foule dans l'Etat de pleine liberté, ils vous apporteroient des bleds qui couteroient même dans l'intérieur moins que ceux des revendeurs. Quand même vous supposeriez des Pays assez inaccessibles pour que ce bled ne pût y pénétrer, il régorgeroit au moins dans les Ports, sur les frontieres & aux bords des grandes rivieres navigables.

Prenez garde que c'est là précisément

la circonférence la plus grande du royaume. Car, la France a plus de 300 lieues de frontieres; & à ne compter que 15 lieues accessibles au commerce étranger des grains, c'est plus de douze mille lieues quarrés qui pourroient être garnies de la sorte : or douze mille lieues quarrées font presque le tiers du royaume qui n'en a qu'environ quarante mille.

Les acheteurs qui se seroient proposé de monopoler seroient donc réduits à vendre dans les deux autres tiers, c'est-à-dire dans l'intérieur; comment pourroient-ils y survendre?

Concluons que l'idée du prétendu monopole en grand est une terreur ridicule.

N°. I X.

Réponse à l'objection tirée des expériences.

Il faut avouer cependant que ces vaines terreurs font apuyées de quelques faits qui passent pour des expériences : on a vu des chertés extraordinaires occasionées par des achats considérables, sui-

D v

vis de difette, puis de revente des mêmes
grains avec profit.

Mais prenez garde, 1°. que tout achat
confidérable a occafionné des chertés
que les acheteurs ont payées au-deffus
du taux ordinaire, & non pas au-deffous,
comme on a coutume de le fuppofer.

Secondement, notez bien, retenez
pour toujours, affurez pofitivement, &
apprenez le plus qu'il vous fera poffible
à toute perfonne qui penfe, que jamais
on n'a vu ces chertés, ces achats confidérables, fuivis de difette & de revente
des mêmes grains avec profit à ceux qui
les avoient vendus meilleur marché,
qu'on n'a jamais vu cela dans les Pays de
pleine & d'entiere liberté ; mais dans les
diftricts foumis à des reglements, à des
défenfes, à des prohibitions : niez hardiment tous les prétendus faits contraires,
& foyez fûrs d'avoir toujours pour vous
la vérité.

L'arrondiffement de Paris & des grandes Villes du Royaume, n'étoient point
encore des Pays de liberté ; c'eft-là que fe

faisoient sentir les inconvénients qui marchent toujours à la suite des régle- ments. Les loix de 1763 qui accordoient quelques franchises & quelques facilités au commerce des grains, avoient respecté les réglements faits sous Louis XIV, sous le prétexte de l'approvisionnement de Paris ; c'est un ménagement que le Con- seil du Roi avoit cru devoir aux esprits foibles & encore mal instruits : ces obs- tacles qui arrêterent alors la liberté to- tale, occasionnerent naturellement des effets qu'on ne peut attribuer sans erreur & sans injustice à la liberté elle-même ; ils donnerent lieu à des manœuvres ou à de fausses combinaisons , qui n'existe- ront pas sous l'entiere & parfaite liberté.

Citons un exemple pour tenir lieu de tous les autres qu'il ne nous convient pas de détailler. Dans un pays où le com- merce ne seroit pas parfaitement libre , il faudroit peu compter sur les bleds étran- gers qui ne viendroient pas ou très peu , par la raison naturelle que le commerce fuit les gênes & les dangers ; alors dans

D vj

une année approchant de la difette,
on croiroit bien faire d'emmagafiner
pour les Hôpitaux, pour les Communautés Religieufes, dans les premiers
mois après la récolte, c'est le temps de
la plus grande abondance, & par conféquent le temps du meilleur marché poffible : on feroit donc en ce pays un article d'adminiftration de ces emplettes, &
des magafins pour les provifions.

Eh bien, c'est précifément le moyen de
former une cherté paffagere, acciden-
telle & factice, qui peut caufer un grand
préjudice au pauvre Peuple d'une grande
Ville. En voici les preuves naturelles.

Les mois de Novembre & de Décembre, qui fuivent la récolte, font les
moins propres à faire emplette de bled;
pourquoi ? C'est qu'il n'eft pas encore
battu en affez grande quantité; c'est qu'a-
lors les gens font trop occupés à labou-
rer, femer & herfer, pour battre à force
& porter au marché.

D'où il arrive que les acheteurs font en
plus grand nombre aux marchés dans ces

mois-là que dans tous les autres ; parce-qu'outre les confommateurs, il y a encore les Fermiers qui n'ont pas le temps de battre , & qui fuivent l'excellente mé-thode de changer leurs femences.

Envoyez , mal-adroitement , dans ce temps-là , des Prépofés chargés de faire les grandes provifions publiques, & porteurs d'argent comptant ; qu'arrivera-t-il ? un renchériffement fubit , l'étonnement du peuple , la crainte de la difette , & tout ce qui s'enfuit.

Tant il eft vrai que les meilleures in-tentions & les démarches qui paroiffent les plus fages, font capables d'opérer le mal , quand elles partent d'un principe fautif.

Etabliffez la liberté générale , conti-nuelle & abfolue , voilà le meilleur de tous les magafins. Renoncez à toutes vos terreurs : ne voyez-vous pas qu'elles font le fruit des anciennes Loix, qui vous avoient interdit la communication avec le refte de l'univers ?

N°. X.

Grandes erreurs & grande injuſtiee.

Depuis que nous commençions à jouir d'une eſpece de liberté, qui étoit encore très imparfaite, comme nous l'expliquerons dans notre troiſieme chapitre, il y avoit deux grandes erreurs qui confondent toutes les idées & qui font beaucoup de mal, parce que l'empire de l'opinion eſt toujours très puiſſant ſur l'eſprit du Public.

Les uns, ſuppoſant que nous avons par tout le royaume la liberté parfaite & abſolue, attribuoient à cette liberté tous les événements qu'ils voient arriver, relativement aux prix du pain & du bled, même ceux qui n'avoient pas d'autres cauſes que le défaut de liberté, que les reſtes de réglements, de conditions, de gênes & de contraintes qu'on avoit cru devoir laiſſer ſubſiſter. Premiere erreur.

Les autres, oubliant que l'état de demie liberté étoit déja très différent de l'état ancien, où nous étions ſans nulle espece de communication, raisonnoient toujours d'après les vieilles idées, & s'imaginoient qu'il y a les mêmes dangers à craindre, & les mêmes précautions à prendre.

Nous prions les premiers de se rappeller sans cesse, que le Gouvernement avoit cru qu'il étoit de sa sagesse de ne pas donner tout à coup la pleine & entiere liberté, craignant que la révolution ne fût trop subite, dans une Nation aussi prompte que la nôtre, à juger & à se passionner sans savoir pourquoi.

Or, ces restrictions, ces conditions, qu'on a laissé subsister, étant le contraire de la liberté absolue, doivent avoir des effets contraires à ceux qu'auroit cette liberté parfaite. Tout ce qui provient de ces restrictions & de ces conditions ne doit donc pas être imputé à la liberté parfaite : on ne doit donc pas le reprocher aux partisans de cette liberté parfaite ; le bon sens & la justice le défendent.

Ainsi, quand on voit sur une grande riviere navigable, deux Villes qui ne sont

qu'à vingt-cinq lieues l'une de l'autre, &
dans tout le territoire de celle qui eſt au-
deſſus (circonſtance très notable ; car, il
n'eſt rien ſi aiſé que de deſcendre en ba-
teau) le froment ſe vendre dix-huit ou
dix-neuf deniers la livre & le pain blanc
deux ſols ; pendant que dans l'autre ville,
qui n'eſt qu'à vingt-cinq lieues au-deſſous
(où par conſéquent on deſcend en ba-
teau) le bled ſe vend deux ſols & trois ou
quatre deniers la livre, & le pain trois
ſols ſix deniers : il ne faut pas s'en prendre à la liberté du commerce, ni à ſes
partiſans ; car ſûrement ce n'eſt pas la liberté qui met cette différence.

Quand on voit un port de mer fermé
au commerce des bleds, par la raiſon
(ou ſous le prétexte) que le prix y eſt au
taux de la reſtriction portée par l'Ordonnance, c'eſt-à-dire, 2 ſols 6 deniers la
livre de froment ; pendant qu'à vingt ou
trente lieues au-deſſus, dans deux très
grandes provinces fertiles, près de pluſieurs rivieres & d'un grand fleuve, qui
ont leur débouché dans ce port, il ne ſe

vend que 15 deniers la livre, & n'a même
pas de débit : ce n'eft pas à la liberté ni
à fes partifans qu'il faut s'en prendre.

Quand on voit que fur des côtes très
voifines de la Hollande, auffi acceffibles
qu'elle aux bleds qui entrent dans le
Texel, & qui fe mangent à Amfterdam,
le bled fe vend 30 liv. le feptier de Paris, pendant qu'il n'en vaut que 20 dans
les marchés de Hollande : ce n'eft pas à la
liberté ni à fes partifans qu'il faut s'en
prendre.

Quand on voit dans une grande ville
de Province le pain commun valoir plus
de 4 fols la livre, quoiqu'elle foit au
confluent de deux grandes rivieres , &
quand on fait que des mêmes pays, qui
font au-deffus & autour d'elle, les Suiffes
tirent leur grain par terre (circonftance
notable), & que le pain blanc ne vaut
chez eux que 3 fols la livre, ce n'eft pas
aux partifans de la liberté qu'il faut s'en
prendre.

A qui donc doit-on imputer ces accidents? à qui? aux ennemis de la liberté ,

à leurs artifices ; aux vaines terreurs des gens foibles, des entêtés , de ceux qui font les échos des monopoleurs ou des imbécilles, fans fonger à ce qu'ils difent, & fans en fentir la conféquence.

Ce font les idées , les frayeurs , les vains propos de cette tourbe populaire qui avoient empêché le Gouvernement d'accorder dans le premier moment l'entière & parfaite liberté dont il connoiffoit bien tous les avantages ; c'eft eux qui nous ont produit les reftrictions , les réglements , les conditions, & tous les reftes des anciennes entraves.

Il faut bien que ce foit ou des caufes naturelles & irrémédiables qui produifent ces accidents locaux, ou que ce foit les prohibitions, les réglements , les reftrictions, non la liberté parfaite : car c'eft ce qui exifte actuellement qui eft caufe de ce qui exifte actuellement : or , ce qui exiftoit, c'étoit l'état de reftrictions , de conditions , de réglements confervés, non la liberté parfaite : donc c'eft cet état de demie liberté qui produifoit les acci-

» dents, ou c'eſt une cauſe naturelle ; pour-
» quoi donc les attribuer à l'entiere liberté
» qui n'exiſte pas, & à ſes partiſans ?

Nº. XI.

Seconde erreur.

Non ſeulement le vulgaire entêté de ſa routine & de ſes préjugés, attribue à la liberté parfaite des effets qui exiſtent, & qui ne viennent que du défaut de liberté ; mais encore il renverſe toutes les idées naturelles pour craindre lui-même, & pour faire craindre aux autres de prétendus accidents, qui n'exiſtent point, & qui n'exiſteroient jamais dans l'état de la liberté abſolue, & cela ſous prétexte qu'on les a reſſentis dans le temps où il n'y avoit que gêne, contrainte & prohibition totale.

Il y a quatre ou cinq ans ſeulement que nous communiquons un peu avec le reſte de l'Europe, par rapport au commerce des bleds ; auparavant nous étions concentrés dans le royaume, & qui pis eſt, chaque province étoit réduite à elle-même, elle ne pouvoit commercer avec les provinces voisines que dans certains cas, & moyennant des permissions, qui donnoient lieu au péculat, au monopole, & à toute espece de corruption. Quelles étoient les suites de ce fatal système ?

1°. Quand on voyoit le bled enchérir dans les mois de Décembre, Janvier & Février, on craignoit avec raison la disette pour les mois suivants ; pourquoi ? c'est qu'étant borné au bled de sa province, on ne pouvoit pas espérer qu'il deviendroit à meilleur marché, à mesure qu'il s'en consommeroit. La cherté se montrant dès le premier mois, indiquoit une mauvaise récolte, & il étoit toujours incertain si on obtiendroit la libre communication avec d'autres, encore plus si on l'obtiendroit générale & gratuitement; on étoit presque sûr au contraire, qu'il y auroit de l'intrigue & du monopole; delà les justes craintes.

2°. En cet état, tout achat considérable, tout emmagasinage de grains annonçoit quelque fraude , quelque attentat sur le public ; la liberté n'étant pas de droit, ne s'accordant qu'arbitrairement, & trop souvent à titre onéreux, rien n'é· toit moins impossible que de s'assurer qu'on ne l'accorderoit pas ; & d'après ce principe , on pouvoit dans une seule province acheter dans le premier temps avec certitude de revendre après en faisant un grand bénéfice.

Mais il ne faut pas transporter ces idées-là au temps où nous aurions la liberté parfaite, générale & indéfinie, par une loi sacrée & inviolable, on voit bien que c'est tout le contraire.

Il faut même savoir & bien graver dans son esprit que dans l'état de liberté, le prix des bleds ira pour nous autres François tout au rebours de ce qu'il alloit auparavant, voici pourquoi. C'est un objet très important, auquel nous prions qu'on fasse la plus sérieuse attention.

Nous avons remarqué dès le commencement du second chapitre , que le bled est toujours un peu plus cher dans les pays du midi , & moins dans les pays du nord.

Or, nous autres François qui fommes au milieu, nous moiffonnons plutôt que les gens du nord , & nous fommes bien plus près qu'eux des pays du midi : cela eft fixe & phyfique.

Qu'en réfulte-t-il ? que nous fommes naturellement en état d'arriver les premiers aux ports du midi, avant les négogociants du nord ; arrivant les premiers, & trouvant moins de concurrence dans les mois de Décembre, Janvier, Février, nous vendons mieux, c'eft ce qui donne alors un bon prix à nos bleds , mais en Mars commence l'arrivée des grains du nord , alors leur concurrence fait baiffer le prix de plus en plus jufqu'à la moiffon.

Voilà donc une différence fenfible : ôtez la liberté, les prix des bleds vont prefque toujours en augmentant depuis les femailles finies jufqu'aux environs de la moiffon ; laiffez la libertté , ils vont toujours en diminuant.

Dans le premier cas , celui qui feroit

forcé par les circonstances à vendre son grain, sauf à racheter ensuite, ne pourroit que perdre ; dans l'état de liberté, celui qui vendroit d'abord, rachetteroit souvent ensuite avec profit.

C'est-là ce qu'il ne faut pas confondre.

Résumons donc : la liberté parfaite & absolue n'entraîne avec elle aucuns inconvéniens, ni naturels ni factices, elle ne peut donner lieu ni au monopole ni à la fraude ; elle ne peut jamais causer la disette, jamais occasionner la misere du peuple : c'est la loi de la justice & celle de la bonne politique qui est toujours inséparable de la justice.

CHAPITRE III.

Le Gouvernement ne pourroit-il pas prendre quelques précautions, par rapport au commerce des bleds.

N°. Premier.

Deux espeçes de précautions conseillées au Gouvernement.

Nous divisons en deux especes les conseils que des personnes, peut-être également bien intentionnées, mais non pas également éclairées, ont donnés sur le Commerce des bleds ; les uns proposent des moyens fondés sur l'erreur ; les autres, des précautions sages. Nous allons examiner les unes & les autres.

N°. I I.

Premier moyen erroné. Taxe fixe & générale.

La premiere idée de ceux qui ne pensent, dans les Villes, qu'à faire des réglements (sans jamais se douter qu'il y ait à la campagne des Loix physiques qui

qui reglent la production, & qui ne fe dérangent pas au gré des Ecrivains, quelque titrés qu'ils foient, & de leurs écri-
tures) a été une taxe fixe & générale
des bleds.

Pour faire fentir le vuide d'une pareille fpéculation, il fuffit de demander
à ces habiles Taxateurs, s'ils favent ce
que le bled coûte au Producteur, eux qui
veulent en regler le prix; car, pour fixer
le taux de la vente, il faut connoître celui de l'achat, autrement ce feroit s'a-
vouer imbécille ou fripon.

Cette queftion embaraffera fûrement
les Taxateurs citadins, s'ils voient que
le bled coûte plus ou moins aux Produc-
teurs, fuivant les lieux, les temps & les
circonftances : cela dépend du fol, du prix
de la Ferme, des richeffes du Fermier,
de la faifon, du plus grand ou du moindre débit, des taxes, des impôts, des
gênes ou de la liberté du Commerce.

Taxer à un prix fixe & général une
denrée qui coûte, tantôt plus, tantôt
moins, au même Producteur, beaucoup

E

plus à l'un qu'à l'autre ; eſt une plaiſante ïdée.

Mais , d'ailleurs , quel en eſt le motif ? C'eſt d'éviter les diſettes & les chertés , dites-vous ? Eſt-il bien ſûr que vous en preniez le chemin ? Ou vous taxerez tout juſte au prix naturel de la denrée, ou au-deſſus, ou au deſſous. Si vous taxez toujours juſte , c'eſt un miracle ; mais vous prenez une peine inutile, le prix naturel en auroit fait autant ſans vous. Si vous taxez au-deſſus , l'Acheteur vous dira que vous ne lui faites aucun bien. Si vous taxez au-deſſous , c'eſt le Producteur qui perd. Que s'enſuit-il ? Que vous le dégoutez de ſa production ; que vous lui ôtez les moyens de la continuer & de l'augmenter.

Vous voulez procurer l'abondance , & vous retranchez les profits de ceux qui la feroient venir ; vous entamez leurs fonds, vous dévorez leurs avances par des taxes aveugles & ruineuſes pour eux. En vérité , c'eſt un bon moyen de les engager à produire l'abondance !

Mais priez les taxateurs de vous répondre à cette objection : il faut être deux
pour vendre ; il ne suffit pas de dire
voilà une denrée, & une taxe ; il ne suffit pas même d'ajouter, & cette denrée
est nécessaire, on en a besoin. Le besoin
& la nécessité ne sont pas des monnoies
pour payer : il faut que l'Acheteur ait le
moyen.

Ce n'est donc pas assez que de connoître tout ce qui concerne le vendeur, pour
taxer une denrée aussi universelle que le
bled ; il faudroit compter les moyens des
Acheteurs. Demandez aux taxateurs s'ils
ont fait ce calcul, & s'ils veulent le faire ;
demandez leur d'où viennent les moyens
du Peuple, & renvoyez les pour l'apprendre, au commencement du premier
Chapitre.

Il y a une taxe naturelle par-tout où
regne la liberté, & cette taxe s'opere
d'elle-même, par la concurrence des Vendeurs, & la quantité de leurs denrées,
ceux là ont besoin de vendre, & de quoi
vendre ; & par la concurrence des Ache-

teurs & leurs moyens, ceux-là ont besoin d'acheter , & de quoi payer.

Quiconque veut s'en mêler, s'il ne veut pas faire du mal, feroit aussi bien de prescrire au Soleil & à la Lune la route qu'ils doivent suivre , ou d'ordonner aux Rivieres de couler vers la Mer. S'il veut contrarier la Nature , il est injuste , absurde & funeste à toute espece de bien public.

N°. I I I.

Second moyen erroné. Les magasins ou greniers d'abondance.

On a cru bien faire, ou bien conseiller, de former pour les grandes Villes, des magasins ou greniers d'abondance , qu'on remplit de bleds dans les temps où ils sont à bon marché , & qu'on vuide dans les temps de cherté , en vendant au pauvre Peuple à un prix raisonnable.

Cette invention a paru si bonne à plusieurs personnes, qu'elles ont imaginé d'en étendre l'usage à toutes les Villes du Royaume ; de former par-tout de grands réservoirs de grains, pour les cas de besoin.

On n'a pas observé que tout magasinage est couteux, & nécessairement très couteux ; car enfin, il faut des édifices, une régie pour acheter & pour vendre, des gardes, des frais de conservation. Voilà de grandes avances primitives, & de fortes dépenses annuelles.

Je ne vous dirai pas que la fraude, la faveur, la connivence peuvent enfler ces frais, comme il arrive toujours en toutes dépenses faites pour le Public ; je me contente de vous en faire d'abord sentir l'inutilité.

Quel but avez-vous dans ce projet de magasins, formé sous l'ancien système ? Vous voulez procurer un débit aux Propriétaires & aux Fermiers, dans les années de notre abondance, qui sont ailleurs des années de disette. Eh ! laissez leur la liberté de communiquer avec le reste de l'Europe : gardez vos peines & votre argent, la liberté leur procurera un débit pour le moins avantageux ; vous n'aurez befoin ni de Commis, ni de bâtiments, dont la folde & la conftruction font en pure perte.

Vous voulez que le pauvre Peuple achette meilleur marché dans nos temps de difette, qui font temps d'abondance pour d'autres ; eh ! laiffez faire la liberté, la franchife totale ; on leur apportera des bleds de l'Etranger qui les remettront au pair.

Vos magafins font donc inutiles ; ce n'eft qu'un fupplément, très couteux, à la liberté qui rempliroit mieux votre objet, que tous les greniers d'abondance de l'univers.

D'ailleurs, pour qui croyez-vous travailler en formant ces magafins ? Pour la poufliere, pour les vers & pour les rats. Vous avez beau faire, vous n'empêcherez jamais, qu'en gardant votre grain, il n'y ait beaucoup de déchet.

Mais, aux dépens de qui fe font les frais des conftructions, des Prépofés, des achats & des ventes, de la confervation, de la comptabilité & du déchet,

augmentés ou non, par la fraude? Aux
dépens du Public. Ils font donc de la premiere efpece des inutilités; de la claffe
de celles qui coûtent beaucoup au Peuple;
car il faut prendre ces frais fur les impôts,
ou fur les octrois municipaux, & avant
qu'il en revienne un écu à la bourfe d'où
part la dépenfe, il faut que le Peuple en
ait payé deux, à caufe des frais de percep-
tion. Voilà donc une grande & continuelle dépenfe très inutile, dont le Public paie deux fois le montant.

Nº. I V.

Troifieme moyen erroné. Les reflexions.

Des perfonnes plus éclairées, ont cru
trouver un moyen plus fimple, plus équitable & moins difpendieux, en prefcri-
vant des conditions à la liberté du Commerce des grains, & en y oppofant certaines reftrictions.

On a même cru pouvoir appuyer ce
fyftême de l'exemple des Anglois.

En conféquence, on a calculé quel étoit
le prix le plus haut, où l'on peut laiffer

parvenir le froment en France, fans af-
famer le Peuple. Ce prix trouvé, on a
dit. Tant que les bleds feront au-deffous
de ce prix, liberté; dès qu'ils feront à ce
taux, il faut ceffer de vendre, par conféquent il faut prohiber la fortie.

Ce n'étoit pas là fûrement la méthode
des Anglois, depuis 1689, jufqu'en 1765.
Quand le bled étoit au-deffous du prix
fixé par la Loi, ils donnoient une gratification à ceux qui en faifoient fortir
d'Angleterre; quand il étoit au deffus,
ils donnoient la gratification à celui qui
en apportoit. Cette méthode étoit inutile, la liberté feule fait le bien fans gratification. Ces frais coûtent toujours au
Peuple; c'eft une précaution fuperflue, fi
ce n'eft, peut-être, dans les premiers
temps, pour accoutumer au Commerce
des bleds, un Peuple peu docile; mais
cette méthode n'avoit pas l'inconvénient
des prohibitions conditionnelles.

Quel eft il cet inconvénient? C'eft d'accélérer le moment où le bled monte au
prix fixé, & de l'y tenir fans reffource;

au lieu que la liberté abfolue éloigne-
roit ce moment , & remédieroit bientôt
au mal qu'on veut éviter.

En effet , fuppofez que le taux , fatal à
la liberté , foit deux fols & demi la livre
de bled. Dans le moment d'une récolte
médiocre, & dans l'embarras des femailles , temps où le bled fe vend toujours
plus cher que dans le refte de l'année , il
montera , par exemple , à deux fols la livre ou environ.

Cela fuppofé , mettez-vous à la place
des Négociants étrangers , comment rai-
fonneriez-vous ? Les bleds de France approchent du terme fatal auquel expire la
liberté : avant que nous puiffions arriver
en France , la prohibition viendra ; cette
prohibition fera le prix , elle eft portée à
cet effet , donc nous rifquons de perdre ,
& il ne fera plus temps de débiter quand
nos bleds feront entrés, puifqu'ils n'auront
plus la permiffion de fortir : voilà ce que
vous diriez , & en conféquence vous ne
feriez aucune fpéculation , aucun envoi

E v

pour la France, dès que vous verriez le prix approcher du taux prescrit.

Donc, il en arrivera le malheur de repousser l'étranger ; donc, celui de hâter la cherté & de l'entretenir ; ce qui est précisément le contraire de ce qu'on desire : au lieu qu'en laissant en tout temps la liberté absolue, vous ne manquerez jamais de grains dans vos Ports aux temps de disette.

Toute condition, toute restriction sera donc nécessairement un mal, quelque bien combinée qu'elle vous paroisse ; ce seroit bien pis, si vous rendiez le retour de la liberté plus difficile, par exemple, s'il dépendoit uniquement du Gouvernement même, tant accablé de grandes affaires, qui ne peut voir à temps tous les détails locaux, qui est si aisément surpris par les intermédiaires, & dont les ordres partant avec circonspection & maturité, passent encore pour l'exécution en différentes mains où ils ne peuvent manquer d'essuyer des retardements.

Jamais fpéculation de commerce ne pourra porter fur un pareil fondement, c'eft la réflexion qu'auroient dû faire les auteurs & les partifans de toute condition, de toute reftriction.

Liberté pleine & entiere, liberté; c'eft le plus vrai moyen d'opérer ce qu'on a cherché dans les reftrictions; elles font donc toujours inutiles, puifque la liberté feule opéreroit fans elles; de plus, elles font toujours onéreufes, puifqu'elles mettent toujours le trouble, la défiance, l'incertitude dans les combinaifons du commerce; donc elles accélerent le mal & elles éloignent le remede, & cela par la même raifon que la liberté fans reftriction éloigne le mal, & accélere le REMEDE autant qu'il eft naturellement poffible; rien n'eft plus fimple, puifque *Reftriction* eft précifément le contraire de *Liberté*.

Nᵒ. V.

Trois moyens vraiment utiles de faire le bien public, par rapport au Commerce des bleds.

Un Gouvernement éclairé, bienfaifant & zelé pour la profpérité publique, ne peut-il donc faire au Peuple aucun bien fur cet article important de fa fubfiftance & de fon premier befoin ?

Tout au contraire, il peut beaucoup, & fur-tout dans les conjonctures où nous nous trouvons ; il le peut par les trois moyens qui caractérifent fa follicitude paternelle : c'eft-à-dire, premiérement par l'inftruction qui diffipe l'ignorance, les préjugés invétérés & les fauffes opinions publiques ; fecondement, par l'autorité qui protege & garantit à chacun, envers & contre tous, fa liberté & fes propriétés ; troifiémement enfin, par la bonne adminiftration, qui améliore le patrimoine de l'Etat, celui du Souverain & des Sujets, qui rend plus féconde & plus utile la vraie, la feule fource de toute richeffe nationale, de toute profpérité publique.

N° V I.

Développement du premier moyen.

L'inftruction du Peuple; la plus claire, la plus conftante, la plus univerfelle inftruction eft le premier devoir de tout Gouvernement. L'ignorance eft le premier vice de l'homme, & la fauffe fcience pire cent fois que l'ignorance même, eft le fléau le plus deftructeur de nos Nations prétendues policées, qui font encore fi barbares aux yeux de la raifon éclairée par l'amour de l'humanité.

Un fiecle entier de fauffe politique avoit égaré ceux mêmes qui tenoient autrefois les rênes du Gouvernement; à peine les plus clairvoyants de nos Philofophes ont-ils eu le temps de perfuader les Chefs de l'adminiftration & ceux des Tribunaux fupérieurs, fur les avantages illimités de l'entiere & parfaite liberté. Le grand nombre ignore encore quelle différence ont mis dans l'état du Royaume les nouvelles Loix fur le commerce des bleds , & quelle différence beaucoup plus grande y mettroit une derniere Loi qui retrancheroit abfolument toutes les vaines reftrictions pour établir le regne heureux de l'entiere liberté de commerce.

L'habitude , l'amour de la routine , l'illufion qu'ont produit les anciens fophifmes , le penchant naturel qu'ont tous les hommes à croire ce qu'ils ont toujours vu pratiquer , fur-tout quand la légiflation l'a pour ainfi dire confacré , tout fe réunit pour entretenir les erreurs & les préjugés fur cet article important.

C'eft fur-tout dans les Villes qu'on raifonne & qu'on fait des Réglements : or les habitants des Villes, qui ne voient pas au-delà du moment & qui s'en tiennent à la premiere idée , ne font frappés que de la cherté du pain , & ne fongent qu'au bon marché des grains.

Tant que l'opinion regardera la liberté comme un mal, les Loix qui lui font favorables ne feront pas refpectées comme elles doivent l'être , elles ne feront pas chéries , obfervées par fentiment , par religion du for intérieur, comme le font toutes les Loix fondées sur la Justice par essence, lorsqu'on a soin de les faire précéder, accompagner & suivre de l'instruction générale.

Toute Loi émanée d'un Gouvernement équitable & bienfaisant a une raison qui la fonde & une utilité; c'est ce qu'il faut apprendre au Peuple. Presque toutes les bonnes Loix trouvent des préjugés & des intérêts contraires au bien qu'elles doivent produire, il faut combattre l'opinion qui fait force contre l'autorité, qui excite la résistance, & qui triomphe trop souvent, ou secrettement, ou même à découvert. Toute Loi qui marche avec l'instruction est suivie de son effet.

Le Gouvernement fait donc un grand bien à la Nation quand il protege, quand il autorise & procure tous les moyens d'y répandre la lumiere des vérités utiles, sur-tout par rapport au Commerce des bleds. Les Pasteurs, les Magistrats, les Préposés de l'Administration ne sauroient être trop instruits & trop zélés à inſtruire le Peuple ; les Philoſophes & les Ecrivains ne peuvent être trop encouragés à répandre de bons ouvrages claſſiques ſur cette matiere qui eſt de la plus extrême importance ; les Sociétés Littéraires & les Académies, doivent être excitées à s'en faire un ſoin capital.

La Liberté de contradiction eſt ſur-tout eſſentielle dans une diſcuſſion de cette nature ; il faut entendre toutes les objections ; écouter avec patience tous les ſophiſmes, toutes les conjectures vagues, toutes les fauſſes allégations, toutes les vaines terreurs ; le Peuple n'eſt jamais bien éclairé que quand on a laiſſé long-temps tout alléguer, tout diſputer, tout répliquer : la vérité ſurnage, elle ſe retourne de toutes les manieres, & ſubjugue peu-à-peu tous les eſprits.

C'eſt lorſque les Loix ſont bien exécutées, qu'elles ſont affermies, que leur effet eſt durable. Nous oſons dire que la France a ſur-tout beſoin en ce moment, d'une inſtruction ſur la juſtice & l'utilité d'une Loi qui aſſure à jamais l'entiere &

parfaite liberté du Commerce des grains. Nous penfons que chaque Citoyen y doit concourir, s'il croit le pouvoir. Nous defirons que cet Ecrit, qui acquitte notre confcience de cette obligation, foit fuivi de plufieurs autres, plus capables de répandre la lumiere, fur-tout s'ils venoient des écrivains illuftres qui nous ont précédé dans cette carriere; des premiers Difciples de nos Maîtres, le Confucius Européen & l'illuftre Ami des Hommes, qui ont été les plus ardents promoteurs de cette liberté; tels que M. du Pont & M. le Trofne, dont les Ouvrages ont eu les plus grand fuccès, & ne peuvent être trop lus, trop répandus dans la Nation.

Diffiper ainfi les préjugés & les vaines terreurs; c'eft un fervice effentiel à rendre au Peuple, & qui coutera peu de peine; il fuffit de le vouloir, d'en montrer le defir, d'exciter les chefs à procurer, autant qu'il eft en eux, cette utile inftruction.

N°. V I I.

Développement du second moyen.

Quand la Loi est précédée, accompagnée, suivie de l'instruction, elle a plus rarement besoin d'être assurée & vengée par l'autorité qui réprime & punit les attentats du particulier ou les négligences des Magistrats : mais la vigilance n'en doit pas moins être générale & continuelle ; l'animadversion, prompte, infaillible, éclatante.

Après avoir établi la liberté absolue, après avoir éclairé la Nation sur la justice & l'utilité de cette Loi, l'autorité devroit donc être inflexible contre les infracteurs.

L'intérêt des Monopoleurs qui ont fondé, jusqu'à présent, leur fortune sur des manœuvres que les gênes, les prohibitions, les réflexions rendoient faciles, assuroit autrefois le succès de ces intrigues, par des murmures, des insinuations, des craintes, des prédictions adroitement répandues parmi le Peuple ; il séduisoit les

ñt fubalternes de l'Adminiftration provin-
ɔ ciale pour obtenir des priviléges exclu-
ñ fifs, pour vexer fes concurrents par les
ꞔ gênes & les chicanes.

Les auteurs & les complices de ces
complots infâmes ont été trop impunis ;
ils ont continué, malgré les Loix rendues
en faveur du Commerce des bleds. Ils s'é-
toient flattés de les renverfer par leurs
machinations fecretes ; nous n'en pu-
blions pas le détail, quoique nous les
ayions pénétrées. Leurs deffeins crimi-
minels euffent peut - être réuffi, fans la
fermeté du Miniftere, trop éclairé pour
reculer, après s'être tant avancé dans une
fi belle carriere.

Il nous fuffit de dire que plufieurs des
fubalternes de l'Adminiftration provin-
ciale, s'étoient fait un petit Pérou de ces
priviléges exclufifs, & qu'il exiftoit une
race de fangfues publiques, affurée de
vendre cher une grande quantité de bleds,
& qui ne cherchoit qu'à les acheter bon
marché : eft- il étonnant qu'ils vouluffent
empêcher la liberté du commerce ?

Ce font eux qui ont accrédité les erreurs, fomenté les préjugés , multiplié autant qu'ils ont pu les manœuvres frauduleufes , & les fauffes démarches infpirées de bonne foi ; ce font eux qui ont excité la populace des villes , jufques là qu'il y a eu des foulevements & des troubles en certains lieux.

A Dieu ne plaife que nous foyions jamais les apôtres d'une exceffive févérité : nous aimons mieux qu'on ufe toujours d'indulgence , fur-tout à préfent où les circonftances font fâcheufes , & où le Peuple eft mal inftruit. Mais quand la lumiere aura été fuffifamment répandue ; quand une ordonnance falutaire, accompagnée de l'inftruction univerfelle , aura établi la pleine liberté , nous difons hardiment que tout attentat contre cette liberté , contre l'acheteur, le voiturier, le vendeur , le confervateur du bled , doit être puni comme un vol de grands chemins ; que les auteurs, inftigateurs, complices & adhérents de ces attentats doivent être châtiés de même ; & que les

Magistrats ou les dépositaires de l'autorité qui ne feroient pas leur devoir en
cette occasion, méritent le même traite-
ment que s'ils laiffoient impunément ar-
racher la bourfe & les habits aux paffants
fur la route publique. C'eft voler du bled
ou de l'argent que de nuire à la liberté de
ce commerce, de quelque maniere que
ce foit.

Nº. VIII.

Développement du troifieme moyen.

Enfin une bonne & fage adminiftration peut encore procurer au Peuple les
plus grands avantages, en donnant de
plus en plus de grandes facilités au commerce des grains.

On appelle facilités tout ce qui rend le
tranfport & le trafic plus prompt, plus
court & moins difpendieux. Les ports,
les canaux, les rivieres, les grands chemins font de ce genre : par ces facilités
on épargne le temps & les frais. C'eft un
des meilleurs emplois qu'on puiffe faire
du revenu royal, c'eft-là fur-tout que
brille la magnificence d'un Prince : outre

l'éclat qui en rejaillit fur fa couronne, il en retire lui-même les plus grands avantages ; il n'eft point de pareille dépenfe, quand elle eft faite avec intelligence & avec humanité (non par des fyftêmes deftructeurs, tels que la corvée, ou des hommes, des animaux, ou inftruments dévoués à l'agriculture,) qui ne rende au Prince en revenu, quitte & net, folide & perpétuel, plus de vingt-cinq pour cent de l'argent qu'il y met.

Ces facilités répondroient à une objection qu'on a faite contre la liberté du commerce des grains, & qu'on prétendoit tirer de la conftitution phyfique de la France.

» Voyez, nous difoit on, que vous avez au centre du royaume des montagnes prefque inacceffibles, fort éloignées de la mer ; que toutes vos rivieres partent de là pour fe rendre par de longs circuits dans les grands fleuves ; examinez ce qui s'enfuit par rapport au commerce des bleds : Vous avez toute facilité pour les fortir ; mais pour les faire entrer dans

tout le royaume ce n'est pas de même ; &
pouvez vous faire charroyer ou porter, à
dos de mulet, vos bleds étrangers depuis
le port de Nantes jusqu'aux montagnes
d'Auvergne ? Pouvez - vous leur faire
remonter la Loire, l'Allier & les petites rivieres affluentes ? Quand vous
aurez vuidé ces provinces intérieures dans
une année d'abondance, arrivera la difette, & vous ne pourrez plus leur rendre de grains : voilà la différence entre
votre pays & ceux dont vous parlez, qui
font tous près des ports, des rivieres ou
des canaux, & dans lesquels on a remarqué, comme en Angleterre, par exemple,
qu'il n'y a pas un seul village éloigné de
plus de fept lieues de la mer ou d'un fleuve
navigable ».

Il y a du vrai dans cette objection,
c'est-à-dire, que nos fleuves & nos rivieres auroient besoin d'être mieux tenus &
rendus plus navigables, qu'il nous manque beaucoup de bons canaux faciles à
faire pour la jonction de nos provinces ;
enfin, que si nos grandes routes font bel-

les, & peut-être trop belles, par la maniere dont elles ont été conftruites, nos chemins de communication intérieure font en grand défordre, funefte obftacle à tout commerce, & fur-tout à celui des bleds.

Mais qu'en doit-on conclure ? qu'il faut interdire la liberté ? Non fans doute, mais au contraire, qu'il faut procurer des facilités.

Tout le mal vient des entraves que mettent au commerce les obftacles naturels du fol, ou les obftacles factices de la mauvaife politique. Tout le bien viendra de la bonne adminiftration qui ôte les premiers, & de la liberté qui s'établira fur les ruines de tous les autres.

Les facilités que le Gouvernement peut procurer par des dépenfes affez légeres, mais très utiles, ayant répondu à une partie de l'objection propofée, achevons de la détruire en rappellant ce que nous avons déja remarqué plus haut.

Le royaume a plus de huit cents lieues de frontieres ; d'ailleurs, il eft traverfé

enfin ,

par de larges fleuves, en aſſez grand nombre, qu'on remonte facilement juſqu'à
une certaine diſtance : pour peu qu'on
ajoute à ces facilités naturelles, vous trouverez que beaucoup plus de la moitié de
la France eſt on ne peut pas plus acceſſi-
ble, en cas de diſette, aux bleds étrangers.

Or, il ne faut pas s'imaginer que le
Commerce des grains ait beſoin de ſe
faire comme par un trait d'arbalête de
Dantzick aux montagnes d'Auvergne,
pour que les montagnards même s'en
reſſentent & ne meurent pas de faim. Il
ſuffit qu'il arrive du bled dans les ports,
pour tourner tout-à-coup le cours du
commerce vers ces provinces intérieures;
& c'eſt ce qu'il faut expliquer pour les
perſonnes qui n'y ont jamais réfléchi.

Nº. IX.

*Ce qu'on appelle cours du Commerce des
bleds.*

La communication des grains, comme
de toute denrée, par terre, ſe fait ordi-

nairement de proche en proche , c'eſt ſa première marche naturelle; les mers & les grandes rivieres occaſionnent une autre eſpece de communication qui ſe fait de loin en loin , & même de très loin en très loin ; mais celle ci n'eſt à proprement parler que le ſupplément de l'autre.

Imaginez une ligne de quinze ou vingt villages qui ſe touchent, de lieue en lieue, ſi le bled manque dans le premier , croyez-vous qu'on le lui apporte du dernier ? Point du tout. C'eſt le ſecond qui le lui fournira, & qui ſe remplira des grains du troiſieme ; celui ci du quatrieme, & ainſi de proche en poche , c'eſt-à-dire , que le cours du bled ſera tourné du dernier vers le premier.

Ce ſeroit préciſément le contraire ſi le bled manquoit dans le dernier ; alors, le cours des grains iroit, de proche en proche, de la tête à la queue. Au contraire, ſi la diſette étoit au milieu, alors il y auroit deux cours , de chacune de ces extrémités , de proche en proche , vers le centre.

Quand on a pris cette idée naturelle du cours des Grains, on n'a pas, pour les provinces centrales du royaume, ces terreurs paniques, fur lefquelles eft fondée l'objection à laquelle nous répondons.

Vous fuppofez la difette dans ces provinces centrales, & une difette précédée de la bonne vente des denrées de plufieurs récoltes précédentes ? Croyez d'abord que le bon débit aura fort encouragé la culture, l'aura étendue, l'aura perfectionnée, c'en eft-là l'effet infaillible. Quand on vend bien fa denrée, on a plus d'émulation & plus de moyens d'en faire venir davantage, on y trouve un intérêt fenfible.

La difette y fera donc moins grande, toutes chofes étant égales ; mais, en outre, ne voyez-vous pas que ces provinces intérieures entourées de toutes parts d'autres provinces en forme de cercle, & celles-ci enveloppées d'autres en plus grand nombre ; enfin cette troifieme couche (s'il eft permis de parler ainfi) environnée d'une derniere, qui eſt formée des frontieres & pays Maritimes?

Si l'abondance eſt dans les frontieres & dans les ports par la liberté du commerce & de l'importation, & la diſette au centre, le cours des grains ſe tournera des extrémités vers le centre; & ces provinces pour leſquelles vous craignez, tireront facilement de proche en proche, de tous les lieux qui les environnent, ceux-ci de leurs voiſins, & ainſi de ſuite juſqu'aux extrémités.

Car il faut encore vous rappeller que le commerce de grains ne ſe fait jamais tout à la fois, mais par une ſuite continuelle & journaliere; & de plus, il ne faut pas vous figurer que le meilleur débit emporte tout, il en reſte toujours, parcequ'il y a des gens qui ne ſont pas preſſés de vendre, qui ſpéculent & qui gardent; il y en a même qui ne peuvent pas vendre.

Votre crainte ſur le ſort des provinces intérieures eſt donc chimérique comme fes autres, malgré les prétendues raifons physiques fur lefquelles vous voulez l'appuyer.

N°. X.

Autre efpece de facilité néceffaire à procurer.

Outre les obftacles naturels qui pourroient empêcher le commerce, & que l'adminiftration peut enlever en donnant fes foins aux chemins, aux rivieres, aux canaux, il eft des obftacles factices qui lui font foumis, & dont la deftruction ne lui coute rien que de la vouloir.

Tels font, 1°. les droits d'entrée ou de fortie, les péages, & les autres exactions de cette forte levées fous quelque prétexte & au profit de qui que ce foit. Le Gouvernement eft trop éclairé & trop bien intentionné pour ne les pas fupprimer : il en vient de donner une preuve trés éclatante, qu'il faut faire connoître au peuple, afin d'exciter fa jufte reconnoiffance, & lui faire mieux concevoir jufqu'à quel point le Prince & fon Con-

feil font perfuadés du bien attaché à la
liberté, & pénétrés du defir de le procurer. On levoit à Lyon un droit confidérable fur les bleds qui fe commerçoient, en
paffant fur la Saône & le Rhône : on
vient de le fupprimer en donnant le Com-
mandement de cette province à M. le
Chevalier de Scepeaux, trop amateur du
bien du public, trop zelé partifan de la
philofophie qui doit faire le bonheur
de l'humanité, pour avoir regretté un
revenu dont la fource étoit fi odieufe &
fi funefte.

Les grands Seigneurs, les riches Propriétaires qui ont encore de pareils droits,
refte de l'ancienne fifcalité féodale, fe
rendroient illuftres, & deviendroient
cent fois plus chers, cent fois plus refpectables à la nation, s'ils en faifoient
le facrifice. En quelque rang que la naif-
fance, la faveur ou le mérite perfonnel,
aient pût les placer, nous leur affurons
qu'ils ne trouveront jamais une plus belle
occafion de s'en rendre dignes, & nous ne
balancerons point à prononcer qu'ils les

méritent peu, quels qu'ils foient d'ailleurs,
s'ils ne préferent point les bénédictions
du peuple, la gloire de fe les être atti-
rées, ofons le dire, l'eftime des Philofophes amis des hommes, à des revenus,
dont l'aveugle tyrannie a forgé les titres
& maintenu la poffeffion.

N°. XI.

L'abolition des droits onéreux au Commerce des bleds n'eft pas un facrifice.

Au refte, fi la cupidité retenoit encore quelques uns de ces exacteurs, ou
fi la crainte de diminuer le revenu royal
pouvoit empêcher de détruire les péages
& les douanes, nous devons avertir
qu'elle perd cent fois plus qu'elle ne gagne à gêner le commerce des bleds. Le
bon prix des grains, leur valeur prefque
uniforme, affurée par la liberté, aug-
menteroient tous les baux à ferme, toutes les ventes de fonds, tous les droits
feigneuriaux & royaux, qui en font la
fuite, & on n'a qu'à calculer fi ce n'eft

pas une très grande & très avantageuse
compensation.

N°. X I I.

*Du Commerce maritime, & des restrictions
qui le regardent.*

Il s'est élevé une très grande question
par rapport au commerce des bleds ; savoir s'il falloit laisser aux étrangers la liberté de voiturer celui qui sortiroit du
Royaume par mer, ou s'il falloit le ré-
server aux propriétaires des navires & des
barques Françoises.

Ceux qui vouloient qu'on laissât faire
tout le monde, étrangers ou nationaux
disoient que les François seuls couteroient
davantage, & que c'étoit autant de surcharge sur le vendeur ; car l'acheteur n'est
pas plus riche, parceque le voiturier est
plus cher, & par conséquent il ne paye
pas davantage.

Les propriétaires des navires établis
dans nos ports ont dit, si vous laissez
faire les étrangers, vous nous excluez de

ce commerce ; pourquoi ? c'eſt qu'il y a des Ordonnances & des Uſages qui nous forcent à être plus chers qu'eux , donc ils auront toujours la préférence , dès que vous admettrez la liberté.

Dans le fond , ce petit profit de voiture eſt peu de choſe ; mais enfin , il faut que toute juſtice ſoit obſervée ; pourquoi exclure nos compatriotes ?

Il y a un moyen très court & très facile , c'eſt d'ôter ces raiſons qui les forcent à être trop chers ; voilà ce que diſent la juſtice & la bonne politique. Au lieu de ſe diſputer , les deux partis doivent ſe réunir , pour prouver que les gênes qui occaſionnent ce renchériſſement de notre fret ſont très inutiles , très deſtructives : & rien n'eſt plus facile ; ces gênes ſont colorées du ſpécieux prétexte de nous faire une marine marchande plus nombreuſe , & une marine militaire plus redoutable. Sans aller juſqu'au motif même , demandez s'il y a plus de vaiſſeaux en Angleterre & en Hollande où elles ne ſont pas , qu'en France où elles

F v.

ſont ? On vous dira que oui. Demandez s'il n'y en avoit pas plus en France même, avant qu'elles y fuſſent ? on vous dira que oui.

Concluez qu'elles ne ſont donc ni néceſſaires, ni même utiles : vous voyez qu'elles font un mal en ce cas-ci, elles en font en bien d'autres. Le vrai point à deſirer, eſt donc leur réforme : il faut la demander & la ſolliciter auprès du Gouvernement.

Nouveaux faits, nouveaux conſeils, quand nous n'avions point de liberté, on n'avoit pas beſoin de faire ce changement. Le Miniſtere, auſſi ſage que bienfaiſant, a permis qu'on demandât la liberté, qu'on la ſollicitât par des écrits publics, pleins de force & de vérité. Il permet qu'on ſollicite tout ce qui en eſt la ſuite, tout ce qui eſt néceſſaire à confirmer, à perpétuer cette liberté, ſon digne ouvrage, un des fondements de ſa gloire, d'une gloire pure & ſolide, fondée ſur la proſpérité publique.

N°. XIII.

Conclusion de ce Traité.

La loi qui établiroit l'entiere & parfaite liberté du commerce des grains,
seroit absolument conforme à la justice,
au droit naturel, premier avantage. Malheur aux peuples où la sainte & sacrée
propriété n'est pas la premiere base de
toute loi, le principe fondamental de
tout établissement, la regle inviolable de
toute administration !

La liberté suppose deux opérations également permises : savoir, l'*importation*
des bleds étrangers dans les pays qui n'en
ont pas assez. L'*exportation* des bleds du
pays quand il en a trop.

La liberté est la meilleure de toutes
les politiques, elle donne au bled un prix
juste, naturel, le moins variable qu'il est
possible : ce prix assure le sort du Cultivateur ; par conséquent, son exploitation ;
par conséquent, les revenus des Propriétaires, des Bourgeois, des Ecclésiastiques, des Nobles, & celui même du

Souverain ; par conséquent, leurs dépenses ; par conséquent, la vie & l'aisance des
Ouvriers , Marchands & gens à talents
qui subsistent & gagnent sur cette dépense ; par conséquent, le bonheur de tous
les Ordres d'un Etat.

La liberté n'a nuls inconvénients ; elle
est précisément l'ennemie naturelle des
fraudes , des monopoles , le remede
contre l'excessive abondance & l'excessive
disette ; par elle le vendeur tire meilleur
prix de sa denrée, l'acheteur en peut avoir
à meilleur marché. Elle peut suppléer à
tout , & rien ne peut lui suppléer , tous
les autres moyens sont absurdes , inutiles , souvent funestes , embarrassants &
dispendieux. La liberté est la loi de la raison , comme celle de la justice ; elle sert
toujours ; elle ne nuit jamais ; elle ne
cause ni embarras , ni frais , ni sollici-
tudes.

Enfin la liberté fait la gloire & le bien
des Empires. Ils peuvent la favoriser , l'é-
tendre de plus en plus , & de cet accrois-
sement dépend leur prospérité. Faciliter

le commerce de mieux en mieux, en dé-
truiſant tous les obſtacles naturels ou factices : c'eſt le meilleur axiome des Gouvernements. Il ne faut, pour le ſecond, que
du courage : pour le premier, que de la
ſageſſe ; car l'argent qu'on y met eſt placé
au plus haut intérêt.

Tel est notre ſentiment ſur la liberté
parfaite du commerce des bleds. Nous
ſommes intimément convaincus que c'eſt
la meilleure de toutes les loix, la plus
néceſſaire à la France, la plus propre à
opérer la reſtauration de la Patrie. L'expérience paroît avoir confirmé dans tous
les temps & dans tous les lieux, les principes de ſpéculation qui nous ont conduit.
Nous demandons inſtamment qu'on les
examine avec toute l'attention qu'exige
un objet d'où dépend, en grande partie,
le ſalut de l'Etat.

Si le zele nous a ſéduit, on ſera diſpo-
ſés ſans doute à nous le pardonner ; la
cauſe de cette erreur eſt trop belle pour
qu'on nous en faſſe un crime. Mais nous
rejettons cette indulgence, il faut nous

combattre & nous convaincre ; nous ac-
cufons de trahifon envers le public & de
leze-humanité , quiconque fauroit que
nous nous fommes trompés, & garderoit
le filence ; fur-tout, quiconque nous ayant
lu fans avoir pris la peine de nous réfuter
publiquement, perfifteroit à contredire
fecrettement la liberté. Cette conduite
feroit un vrai crime ; on ne doit point
garder d'opinion cachée dans une queftion de cette importance, ou jamais il
ne faut agir ni parler en faveur d'un pré-
jugé qu'on n'ofe pas produire au grand
jour de la difcuffion polémique.

Une faute énorme encore, au jugement du Patriotifme & de l'Honnêteté,
c'eft celle de tout homme public qui né-
gligeroit de s'inftruire fur un objet fi
grand & qui tient de fi près à la profpérité
ou à la ruine de la Patrie. Malheur à ceux
qui ont la vanité puérile de vouloir do-
miner fur les hommes , & l'indolence
abominable de ne vouloir pas s'éclairer
fur des objets de leurs premiers befoins!

Fin du premier Traité.

SECOND TRAITÉ,
SUR
LA MOUTURE DES GRAINS,
ET SUR
LE COMMERCE DES FARINES.

CHAPITRE PREMIER.
De la Mouture des Grains.

N°. PREMIER.

Des diverses Manieres de moudre le Bled.

C'EST pour tout le monde une chose essentielle à savoir, que la différence énorme qui se trouve entre les manieres de moudre les grains. Il y a trois sortes de méthodes usitées dans le Royaume, & la troisieme, qui est la plus nouvelle, produit près d'un tiers au-delà de la premiere, qui est la plus ancienne & la plus commune de nos provinces.

Toute personne qui prend garde à ses propres affaires, & qui s'intéresse au pau

vre peuple, fentira facilement quel fervice on peut rendre à l'humanité entiere
en fubftituant la nouvelle mouture à l'ancienne. Il s'agit de gagner pour les hommes une grande partie de très bonne farine, qu'on laiſſoit perdre dans la vieille
routine, & qu'on donnoit aux animaux
avec le fon. Comme on peut nourrir le
bétail avec beaucoup d'autres productions
qui ne font pas auſſi bonnes pour nous
que la farine & le pain, c'eſt un profit
très réel que de nous réſerver fur le bled
tout ce que nous pouvons manger avec
agrément, tout ce qui eſt bon, falubre &
nourriſſant.

Nº. I I.

De la mouture en groſſe.

La maniere la plus ancienne & la plus
ufitée, qu'on appelle mouture en groſſe,
fe fait dans les moulins ordinaires. Il faut
nétoyer le grain chez foi, avant de le
porter au moulin; on vous rapporte la
farine mêlée avec le fon, & vous êtes
obligé de la tamifer ou de la bluter, pour

séparer la fleur, la farine, les recoupes
& le son.

Pour faire le gros pain on laisse tout
mêlé, le second pain n'est que de farine
& de recoupes, le bon pain est de pure
farine, les patisseries de pure fleur ; tout
le monde sait ce détail.

Il y a des moulins mieux construits,
qui ont des bluteaux pour séparer la farine ; ceux-là sont plus commodes, plus
expéditifs & moins couteux pour le peuple. Ces bluteaux qui vont en même-
temps que les moulins, sont de trois sortes. Les uns ne séparent que le plus gros
son ; c'est la mouture du pauvre. Les autres séparent tout le son ; c'est la mouture
du Bourgeois ; enfin les autres séparent
les recoupes & ne laissent passer que la
farine la plus fine, c'est la mouture du
riche.

N°. I I I.

Vices de la mouture à la grosse.

Par la mouture à la grosse, il se perd
une grande quantité de belle & bonne

farine, par la raison que les gruaux paſſent avec le ſon. Ces gruaux ſont d'un
meilleur goût & plus nourriſſants que la
fine fleur ou la farine blanche, quoiqu'ils
ne ſoient pas tout-à-fait d'une ſi belle
couleur.

Les ſons qui renferment ainſi les gruaux
ſont nommés ſons gras; ils contiennent
deux eſpeces de gruaux. Les uns ſont ſé-
parés du ſon; mais étant auſſi gros, ils
ne peuvent paſſer à travers les tamis &
les blutoirs qui ſéparent la fine fleur &
la belle farine. Les autres ſont adhérents
au ſon même, & n'en peuvent être ſépa-
rés que par une ſeconde mouture ou par
le remoulage.

On n'employoit autrefois les ſons gras
qu'à faire de l'amidon & à nourrir les
animaux domeſtiques; on avoit même
fait des Réglements, des Arrêts, des Sen-
tences, qui défendoient expreſſément de
tirer les gruaux du ſon, & de les employer dans le pain: exemple pareil à dix
mille autres, & qui prouve combien eſt
abſurde & funeſte la manie de ceux qui

.croient tout favoir, & qui font des Réglements en conféquence, pour empêcher, à l'avenir, qui que ce foit d'en favoir plus qu'eux ; à peine, pour lui, ou
pour le public, de ne pouvoir profiter de
ces nouvelles connoiffances, quoique très
utiles & bien confirmées par l'expérience.

Tout ce qu'on favoit faire de mieux
dans la mouture à la groffe, c'étoit de dif-
tinguer, par le moyen des tamis & des
blutoirs, une partie des gruaux de la premiere efpeçe ; c'eft-à-dire, de ceux qui
font féparés du fon. Mais cette méthode
avoit deux inconvéniens ; le premier, de
laiffer paffer avec les gruaux, beaucoup
de vrai fon ; le fecond, de laiffer avec le
gros fon, non-feulement les gruaux féparés, qui avoient plus de volume, mais,
de plus, ceux qui font encore adhérents au
fon dans la premiere mouture.

Auffi, par la mouture à la groffe, il ar-
rivoit & il arrive encore en beaucoup de
provinces, que d'un feptier de froment,
pefant deux cents quarante livres, on ne

retire que quatre-vingt ou quatre-vingt dix livres, & dans les meilleurs moulins, après le blutage, cent ou tout au plus cent dix livres de farine blanche ; le reste en farine bise & son : c'étoit une habileté rare de produire cent vingt livres de farine blanche, au lieu que par la mouture économique, qui est la troisieme espece & la plus nouvelle, on en retire jusqu'à cent quatre-vingt-quinze livres au moins ; ce qui fait, comme on voit, la différence de plus d'un tiers, je dis de farine & non pas de pain : car trois livres de farine, font quatre livres de pain.

N°. I V.

Mouture méridionale.

La seconde espece de mouture est appellée méridionale, à cause des provinces de France où elle est en usage depuis un certain temps.

Les moulins qui sont destinés aux farines qu'on appelle minots, & qui servent à la Marine & aux Colonies, sont beaucoup mieux construits, & mieux

conduits que les moulins ordinaires ; le
commerce les a perfectionnés. Les roua-
ges sont meilleurs , & les meules plus
dures, quoique plus petites , d'ailleurs
le blutage s'y fait avec beaucoup plus de
soin que dans la routine vulgaire.

Après avoir criblé ou nétoyé le grain
séparément , on le fait moudre dans un
moulin qui ne sert qu'à cette opération.
La farine en sort trop chaude pour la bluter sur le champ ; défaut qui vient de ce
qu'on tient les meules trop rapprochées
dans cette premiere mouture , par la raison qu'on n'en fait qu'une , comme nous
allons l'expliquer , & qu'on n'a point la
méthode de remoudre les gruaux.

Le mauvais usage où l'on est de piquer
les meules à l'aventure , ou , comme on
dit, à coups perdus , aide beaucoup aussi
à détériorer cette mouture , comme nous
le ferons remarquer plus bas.

Le grain, ainsi moulu en farine mêlée
de toute espece , s'appelle rame. On la
laisse reposer & perdre sa chaleur ; puis
quand elle est en état , on la passe dans

un blutoir, qui la sépare en quatre portions. La plus fine fleur s'appelle *minot* ;
elle se commerce pour la mer & les Colonies. La seconde s'appelle farine simple
ou *le simple* ; on la vend aux Boulangers
& aux Bourgeois. La troisieme s'appelle
grésillon, & sert pour le pain des pauvres qui a beaucoup de saveur & de subf-
tance ; enfin, la quatrieme est le son mêlé
de gruaux.

On fait un second blutage qui en sépare une derniere farine, appellée *repaf-
ses* dans le pays.

Les inconvénients attachés à cette
mouture méridionale sont : 1°. de faire
trois opérations au lieu d'une ; 2°. d'é-
chauffer trop la farine ; 3°. de sacrifier,
par le défaut de remoulage, beaucoup
de bonne farine blanche, dans le grésillon, les repasses & même le son. Aussi
dans un procès verbal très authentique
de comparaison, fait à Bordeaux, dont
nous allons rendre compte, il ne s'est
trouvé, par la mouture méridionale ordinaire, sur cinq cents vingt-deux livres

de froment, que cent dix-neuf livres de farine blanche, qui ont produit cent cinquante-sept livres de pain blanc, & par la mouture économique dont nous allons parler, pareil poids du même froment a produit trois cents quarante-cinq livres de farine blanche, qui ont donné quatre cents quarante-trois livres de pain blanc.

N°. V.

De la mouture économique.

Tout l'art de la mouture économique a consisté originairement dans une observation fort simple sur les gruaux : on appelle ainsi, de grosses portions du grain qui ne sont pas suffisamment écrasées par les meules dans une premiere mouture. De ces gruaux, les uns sont totalement dégagés du son ; les autres tiennent encore plus ou moins à ce son, qui est l'écorce ou la peau du bled.

Ces gruaux n'étant pas écrasés, ne font point de farine, ne boivent pas l'eau, ne se pétrissent pas, ne fermentent ni ne cuisent assez pour faire de bon pain.

Comme ils font plus ou moins gros, l'opération du blutoir eſt inſuffiſante à leur égard ; car, ſi le tamis eſt trop fin, les gruaux qui ſont très bons en eux-mêmes, reſtent mêlés avec le ſon ; s'il eſt trop lâche, il paſſe beaucoup de pur ſon avec les gruaux. Or, le pur ſon, qui eſt l'é-corce ou la peau du bled, gâte le pain ; non ſeulement il lui donne une mauvaiſe couleur ; mais les hommes ne le digerent point, il ne leur fait pas nourriture, & le ſon du froment peut nuire à l'eſtomac humain par ſes mauvaiſes qualités, au jugement des Médecins.

Les anciens Réglements à cet égard étoient donc, comme c'eſt l'ordinaire, abſurdes & pernicieux dans leur effet, quoique fondés ſur un bon principe. Leur but avoit été d'empêcher qu'on ne fît entrer le ſon dans le pain, mais ils confondoient, mal-à-propos avec le ſon, les gruaux qui ſont de la bonne & de la très bonne farine, qui n'eſt pas aſſez pilée par les meules.

On attribue à des Meûniers de Senlis, nommés

à nommés Pigeaut, l'invention de remoudre les gruaux ; ils commencerent il y a
près de cent ans : leurs petits-fils vivent
encore dans le même pays , & dans le
même état de Meûniers. M. Malouin af-
sure qu'ils sont bons & riches ; nous les
félicitons bien sincérement de l'un & de
l'autre , & sûrement tous les honnêtes
Citoyens applaudiront avec nous , à la
sagesse qu'ils ont eue de rester dans leur
Commerce. La réputation bien méritée
de leurs auteurs , doit leur y assurer la
vraie considération, l'estime de tous les
honnêtes gens , acquise par des services
réels rendus à l'humanité ; noblesse plus
pure & plus solide que l'illustration qu'on
doit si souvent à des faveurs aveugles qui
ne viennent que du hasard , & quelquefois d'une source pire encore.

Dans cette mouture , très proprement
nommée mouture économique , on s'attache à bien séparer les gruaux pour les remoudre & les réduire par ce moyen en
bonne farine, qu'on épure ensuite absolument du son , quand elle est bien divi-

G

fée & atténuée, par un premier, un fecond & même par un troifieme remoulage.

.Cette opération, loin d'être nuifible,
eft d'autant meilleure, que le germe du
grain, qui eft la partie la plus nourrif-
fante & la plus favoureufe, étant plus
compacte, & conféquemment plus dure,
ne fe réduifoit prefque jamais en farine,
& reftoit, finon dans le fon, du moins
dans la farine bife ; ce qui rendoit le pain
blanc moins bon que le pain bis.

Parmi les perfonnes vivantes qui ont
perfectionné la mouture économique, ou
l'art de remoudre à plufieurs reprifes les
fons gras, pour réduire en farine les
gruaux, M. Malouin cite le Sieur Maliffet
& le Sieur Guileri ; le premier, Maître
Boulanger de Paris, & le fecond, Meûnier à Gif. Mais il ne parle nulle part du
Sieur Céfar Bucquet, ci-devant Meûnier
à Senlis, à préfent attaché à l'Hôpital-Gé-
néral de Paris, & employé par M. Bertin,
Miniftre d'Etat, pour perfectionner &
pour établir dans le Royaume la mouture

économique. Il eft fâcheux que cet habile Académicien n'ait pas en communication des Mémoires du Sieur Bucquet, & ne l'ait pas entretenu lui-même ; il en auroit tiré de grandes lumieres, qui auroient étendu & completé fa théorie fur la mouture économique.

Voici, fuivant l'idée que nous en a donné le Sieur Bucquet, dont le récit nous eft confirmé par des Procès-verbaux en bonne forme, en quoi confifte cette mouture & fes avantages.

1°. Le Sieur Bucquet conftruit des moulins, ou accommode les anciens, de maniere qu'ils renferment trois machines, & font à la fois trois opérations : la premiere, de cribler & nétoyer le bled avant qu'il tombe dans la trémie ; la feconde, de le moudre de maniere qu'il ne s'échauffe pas, qu'il ne contracte, ni odeur, ni qualités nuifibles, & auffi qu'il ne s'évapore pas trop de la plus fine farine; (deux avantages très réels, qui font le plus grand art de la meûnerie) ; la troifieme enfin, de le bluter pour féparer de la premiere farine, les deux efpeces de gruaux, les recoupes & le fon.

2°. Ces trois machines n'en forment qu'une dans le moulin du Sieur Bucquet. Et, cependant, il n'y a que très peu de perte de temps ; .car, dans le Procès-verbal de Bordeaux, nous trouvons que le Sieur Bucquet n'a mis que feize minutes de plus, pour cribler, moudre, bluter, remoudre & rebluter 522 livres de bled, qu'un meûnier de Bordeaux, nommé Ramonille, n'en a mis pour moudre feulement le même poids de bled par la mouture méridionale ; le criblage & le blutage s'étant faits à part.

La grande perfection de cette machine, vient de la maniere de pofer & de piquer les meules en rayons exacts, non à coups perdus, & des poulies qui communiquent le mouvement aux blutoirs.

Le principal avantage de la mouture pratiquée par le Sieur Bucquet, c'eft de ne point échaufler la farine dans le moulage, ni dans le remoulage ; c'eft un fait conftaté par le Procès-verbal des Jurats de

Bordeaux, en date du 18 Décembre 1766. La farine produite par la mouture méridionale, fortoit chaude du moulin, & celle du Sieur Bucquet en fortoit fraîche. Article dont dépend la confervation des farines dans le Commerce de mer : auſſi le Sieur Guiraud, Négociant à Marſeille, a-t-il fait uſage, avec grand fuccès, des farines du Sieur Bucquet, pour les biſcüits de mer, dont il a fait l'épreuve au mois d'Avril 1767.

Par le remoulage des gruaux, le Sieur Bucquet a tiré, lors du Procès-verbal de Bordeaux, comme on a pu voir ci-deſſus, quatre cents quarante-trois livres de pain blanc, au lieu de cent cinquante-fept qu'a produit la mouture méridionale. Si on mêle enfemble toutes les farines provenues de fa mouture, on tire d'un feptier de froment péfant deux cents quarante livres, le poids d'environ deux cents foixante livres de très bon pain qui eſt aſſez blanc, favoureux & fubſtantiel, tel qu'il convient au Peuple des Villes ; c'eſt un fait que le Sieur Bucquet offre de démontrer à quiconque voudra s'en convaincre ; d'où il résulte que sa méthode économique produit plus de treize livres de pain très bon, avec douze livres seulement de froment. Il reste de gros son, bon pour les chevaux, environ une once & demie par livre de bled ; de recoupes pour les vaches, une once, & de petit son pour les porcs & la volaille, environ une demie once par livre ; comme nous l'expliquerons dans le Traité du Pain.

Nº. V I.

L'intérêt public exige qu'on fasse connoître, autant qu'il est possible, la mouture économique.

Tous les honnêtes gens qui liront cet Avis au Peuple, sentiront combien il est intéressant pour le bien de l'humanité, que tout le monde connoisse les avantages que procure la mouture économique, poussée à une grande perfection par le Sieur Bucquet.

Pour engager les bons Citoyens à répandre cette connoissance dans le public,

nous allons leur citer des faits très cons-
tants, & sur la vérité desquels ils peuvent
compter, nous nommerons exprès les
lieux, le temps & les personnes.

N°. VII.

*Expériences décisives & authentiques, en
faveur de la mouture économique.*

Il falloit autrefois quatre septiers de
bled par an, mesure de Paris, pour la
nourriture d'un homme, parcequ'on ne
tiroit d'un septier de froment que 144 liv.
de pain : c'est un fait attesté par Budée,
& par les anciens Statuts de l'Hôpital des
Quinze - Vingts.

En 1678, suivant le Réglement de Police fait dans la Ville d'Amiens, le 5 Novembre, un septier de bled, mesure
d'Amiens, pesant 48 livres, ne donnoit
que 25 livres de pain blanc & 16 livres de
pain bis.

L'art d'extraire les farines s'étoit perfectionné à la fin du dernier Siecle, puisque M. de Vauban n'adjugeoit à chaque

homme, pour fa nourriture, que trois feptiers de froment.

Mais peu de temps après lui, on commençoit à n'adjuger que deux feptiers & demi, qui ne rendoient enfemble qu'environ 450 livres de pain.

Aujourd'hui, dans Paris, par la mouture du Sieur Bucquet, il ne faut que deux feptiers de froment pour produire cinq cents trente livres de pain, qui fuffifent à un homme pour fon année.

D'où il réfulte, qu'il y a plus de moitié de profit depuis S. Louis & Budée jufqu'à préfent.

Obfervez cependant qu'il nous refte des autorités des anciens, entr'autres du fameux Pline, le Naturalifte, qui dit expreffément dans fon dix-huitieme Livre, que le froment rend un tiers plus en pain qu'il ne pefe lui-même; en forte que 240 liv. ou le feptier de Paris, devroit rendre 300 liv. de pain, au lieu de 265, fi nos grains étoient auffi bons, & notre mouture auffi parfaite que celle des Romains, il y a dix-fept cents ans.

Mais c'est déja beaucoup d'avoir réduit, par le même moyen de la mouture économique, la nourriture d'un homme de quatre septiers à deux.

Expérience des Missionnaires de Versailles.

Le Sieur Guileri, Meûnier de Gif, près Paris & Versailles, a déclaré lui-même à M. Malouin, & lui a permis d'imprimer, qu'il avoit été long-temps le Meûnier des Missionnaires de la Congrégation de S. Lazare qui desservent la Chapelle de Versailles. Ils donnoient leur bled à moudre, suivant la routine vulgaire ou à la grosse : ils ne retiroient que huit boisseaux de farine de chaque septier de bled, mesure de Gif ou du Duché de Chevreuse, qui pese 275 livres, c'est-à-dire, 35 liv. plus que le septier de Paris; & cette farine étoit médiocre, parceque les Missionnaires en la blutant, pour la rendre blanche, laissoient dans le son les meilleurs gruaux, sur-tout le germe qui est le plus savoureux & le plus substantiel.

G v

Le Sieur Guileri achetoit les sons gras de ces Miſſionnaires : il en ſéparoit les gruaux pour les faire remoudre ; & par ce remoulage, il en tiroit preſque autant de farine, que les Miſſionnaires en avoient eu par la premiere mouture. Il faut l'en croire ſur cette déclaration.

En 1760 les Miſſionnaires ſe rendirent enfin, & quitterent leur prévention contre la mouture écnomique : ils retirent aujourd'hui quatorze boiſſeaux de farine de chaque ſeptier, au lieu de huit; & cette farine eſt meilleure.

Expérience de Valenciennes.

Le premier Septembre 1760, on a fait moudre 150 livres de bled par la méthode économique : on a tiré 88 livres 5 onces 2 gros 2 tiers de farine blanche, & 27 livres 10 onces 5 gros & demi de farine biſe ; & 32 livres en ſons & recoupes, avec 2 livres de déchet.

On a auſſi fait moudre à la groſſe ou par la routine ordinaire, 152 livres de même bled qui n'a produit que vingt-neuf livres de farine blanche, 80 livres 13 onces 2 gros 1 tiers de farine bise, & 36 livres 2 onces 5 gros & 1 tiers en son, avec 6 livres 5 onces 2 gros & 2 tiers de déchet.

La farine produite par la mouture économique, auroit donné plus de pain si on en avoit fait l'épreuve.

Expérience de M. du Hamel.

M. du Hamel du Monceau, de l'Académie des Sciences, dans son Supplément au Traité de la Conservation des grains, cite une Expérience faite le 3 Février 1765 : un septier de bled non étuvé ou séché au feu, pesant 234 livres, a produit 175 livres 2 onces de farine, & 52 livres 2 onces de son, on a mis 100 livres d'eau en faisant de la pâte avec les 175 livres 2 onces de farine, & on en a tiré 239 livres de pain.

Le bled étuvé ou séché au feu, suivant la méthode de M. du Hamel, pesant 236 livres 6 onces, a produit 178 livres 6 onces de farine, 151 livres de son, 244 livres de pain.

G vj

Expérience du Sieur Maliſſet.

Le Sieur Maliſſet , célebre Boulanger de Paris , tire dans ſes Moulins d'un ſeptier de bled , peſant 240 livres , 180 livres de farine & 55 livres de ſon.

Expérience du Sieur Guileri.

M. Guileri , Meunier de Gif , dont nous avons parlé plus haut , tire d'un ſeptier de bled de Chevreuſe , peſant 275 livres , 200 livres de farine.

Expérience des Adminiſtrateurs de l'Hôpital de Paris.

Le premier Septembre 1759 , Meſſieurs les Adminiſtrateurs de l'Hôpital de Paris , virent moudre , par la mouture économique , un ſeptier de bled nouveau , peſant 249 livres , le réſultat fut 187 livres 8 onces de farine , & 53 liv. de ſon.

Expérience de M. le Lieutenant Général de Police.

Au mois de Janvier 1761 , en préſence de M. le Lieutenant Général de Police de Paris, on fit moudre de même deux feptiers, pefant 480 livres, de froment, on en tira 370 livres cinq onces de farine, & 95 livres huit onces de fon.

Expérience du Sieur Bucquet.

Depuis 1761, le Sieur Céfar Bucquet, Meunier de l'Hôpital, a trouvé le moyen de tirer 15 livres de plus de farine par feptier de 240 livres; & ces 15 livres de farine font 20 livres de pain de plus, fuivant fon Mémoire imprimé, qui n'a pas été vu par M. Malouin.

Or, l'Expérience de 1761, ayant donné près de 185 liv en fus par feptier, feroit près de 200 liv de toutes farines; & dans la proportion de 15 à 20, c'eft 295 l. de pain par chaque feptier de froment.

M. Bucquet, pour confirmer fon récit, attefte dans fon Mémoire le Sieur Bricoteau, Chef de la Boulangerie de l'Hôpital & les Regiftres de cette Maifon. M. Mayjonade, homme très habile, qui a long-temps étudié & fait pratiquer l'art de faire du pain, nous a pleinement confirmé la possibilité du fait, & certifie l'avoir éprouvé.

N°. V I I I.

Zele du sieur Bucquet, & offre de ses services.

Le sieur Bucquet nous ayant été adressé par un Lieutenant-Général des Armées du Roi, plein d'humanité & d'amour du bien public, nous avons vu tant de droiture, tant de zele & de franchise dans cet Artiste, que nous n'avons pas balancé à lui demander la permission de l'annoncer au public. Il y a consenti sans peine.

On peut donc s'adresser à lui sans scrupule, à Paris, Quai Pelletier, où il est fort connu. Il donnera, par écrit ou de vive voix, toutes les explications & tous les éclaircissements qu'on pourra desirer sur la mouture économique, & sur la maniere de monter les moulins à l'économique ; c'est-à-dire de suspendre, de piquer les meules, d'adapter les machines pour cribler & pour bluter, au moulin même.

Ses inventions sont simples, faciles à exécuter, & peu dispendieuses. Il fera plus, il pourra communiquer les plans de ces Ouvrages ; & , même encore, donner à ceux qui le desireront, quelqu'un des éleves qu'il a formés, pour répandre, établir & confirmer la pratique de la mouture économique, dans laquelle il est très habile, comme il en est très zélé partisan.

Le public sera sans doute fort aise de savoir que M. Bertin, Ministre d'Etat, rend depuis long-temps , au talent du sieur Bucquet , la justice qu'il mérite ; qu'il l'a employé avec succès pour établir des moulins économiques à Bordeaux, à Lyon, à Bourdeille, en Périgord, & à Dijon ; qu'il a même envoyé exprès un habile Architecte au moulin que le sieur Bucquet avoit à Senlis, pour en prendre les dessins & les plans, & les accompagner d'une explication , qui paroîtra bientôt sans doute , où se trouveront les meilleu-

res inftructions du monde fur la mouture
économique.

Nº. IX.

Exhortation aux bons Citoyens.

Ceux de nos Lecteurs qui peuvent concourir , par leurs moyens ou par leur
autorité, à l'établiffement de la mouture
économique , peuvent difficilement rendre de plus grands fervices à la patrie & à
l'humanité. Les riches négociants , les
propriétaires , les Seigneurs eccléfiaftiques & laïques , les Adminiftrateurs des
maifons publiques & des Hôtels-de-Ville,
ont en même temps les moyens & l'autorité. Ce fera leur faute, fi cette méthode,
fi avantageufe , ne fe répand pas dans
tous les lieux où ils ont le pouvoir de l'é-
tablir.

C'eft, pour les riches, une des manieres
les plus avantageufes de placer fon argent , que d'établir des moulins propres
à la mouture économique. La méthode du
fieur Bucquet exige des dépenfes médiocres, pour mettre la plupart des mou-

lins actuels en état de moudre & remoudre par économie : les propriétaires
trouveroient dans cette dépenfe , une
fource très abondante d'un revenu bien
légitimement acquis , un furcroît de richeffe , accompagnée du plaifir que donne
un furcroît de bienfaifance.

Le fieur Bucquet attefte avec confiance , non feulement les moulins qu'il
a établis pour fon propre compte & pour
celui de l'hôpital, mais encore ceux de
M. Bertier de Sauvigni , Confeiller d'Etat,
Intendant de Paris , à fa terre de Ville-
moiffon , près Montlhéri ; de M. le Mar-
quis de Puyfégur , près Soiffons , & de
M. Bertin , Miniftre & Secrétaire d'Etat,
à Bourdeille en Périgord.

Les bons citoyens qui lifent avec avi-
dité , & qui répandent avec plaifir tout
ce qu'ils ont appris d'utile au bien public,
fe feront fans doute un plaifir d'exciter ,
autant qu'ils pourront , cette noble émulation dans toutes les provinces où leurs
talents & leur zele leur ont acquis cette
forte de confidération attachée au pa-

triotifme éclairé, qui vaut fouvent plus que l'autorité.

Nº. X.

Des Moulins Banaux.

Nous ne pouvons réfifter à une penfée qui nous paroît appuyée fur la juftice & l'amour du bien public, & qui concerne les moulins banaux : tout le monde fait en quoi confifte ce droit de banalité, refte de notre ancien droit féodal. C'eft un impôt indirect, établi fur les habitants d'une terre feigneuriale ; qui fe perçoit fur la premiere & la plus forte des confommations. Le Seigneur a le privilege exclufif d'élever des moulins, & les tenanciers font obligés d'y venir moudre leur grain.

On allegue, en faveur de cette banalité, la convention originaire, fondée fur la propriété & la liberté, deux titres certainement très refpectables & très facrés. Nous ne traitons pas la queftion fous ce point de vue ; fi jamais nous nous livrons à examiner le fondement du droit féodal dans fon premier établiffement, la réforme qu'on prétendit en faire vers la fin du douzieme fiecle, & les reftes qui en ont été confervés, on verra pour lors le réfultat de nos obfervations.

Suppofons tout ce qu'on voudra de plus favorable au droit de banalité ; par exemple, qu'un propriétaire eût, en 1600, convenu d'établir, à fes frais, un moulin pour le fervice d'une petite ville ou d'un gros Bourg, à condition qu'il feroit feul & qu'il moudroit pour tous, moyennant un prix honnête, dont on feroit convenu, la convention ayant été faite dans le temps où l'on ne connoiffoit que la mouture à la groffe, dans le temps où l'on ne retiroit encore d'un feptier de bled que cent quarante ou cent cinquante livres de pain : peut-on imaginer que les contractants aient renoncé au bénéfice de la mouture économique ? Peut-on croire qu'ils ont entendu s'obliger, pour eux & pour leurs defcendants, à perpétuité, à ne fe fervir que du moulin banal, même dans le cas où la mouture y rendroit près de la moitié moins de pain qu'une autre ? Non fans doute. Une pareille convention eft une folie manifefte, qui ne fera jamais exigée ni accordée entre honnêtes gens de bon fens.

Tout moulin banal, doit donc fe monter aujourd'hui fur la méthode de la mouture économique ; autrement la banalité devient une injuftice atroce, qui ne peut pas être excufée par la convention originaire. Un moulin banal a dû être, lors de fon établiffement, un moulin de la meilleure efpece ; & la qualité d'être perpétuelle, attachée à la banalité, fuppofe que le moulin qui en jouit, doit continuer fans ceffe d'être de la meilleure efpece, en fe perfectionnant, à cet effet, fuivant le cours ordinaire des inventions humaines.

La juftice exige donc que les Propriétaires des moulins banaux foient aftreints à les mettre en état de faire la mouture économique, & qu'à faute, par eux, d'en vouloir ou d'en pouvoir faire les frais, il foit permis, à tous autres, d'en établir de pareils , & d'y aller moudre, paffé le terme qu'il conviendra de prefcrire à cette opération.

Les moulins économiques, fondés par les riches Propriétaires, en pays libres, ceux que les Adminiftrateurs des établiffements publics feront conftruire , & les moulins banaux , ferviront bientôt d'exemples & de modeles pour tous les autres.

N°. X I.

Moulins économiques à fonder fur le champ dans les grandes Villes.

Il n'eft point de grandes Villes qui n'aient des Hôpitaux & une Adminiftration, à la tête de laquelle font les Evêques diocéfains, les Députés des Chapitres & Corps eccléfiaftiques, les Intendants , les principaux Magiftrats & d'autres Citoyens recommandables.

C'eft par-là que doit commencer la réforme. L'idée que nous en donnons ne vient pas de nous ; elle eft de M. Bertin,

Miniftre d'Etat, & de M. Boutin, aujourd'hui Confeiller d'Etat, Intendant des Finances, ci-devant Intendant de Bordeaux, auxquels il eft très jufte d'en rapporter toute la gloire.

Ils ont envoyé, de concert, le Sieur Bucquet en 1766, dans diverfes Provinces, pour transformer en moulins économiques, ceux qui fervent aux Hôpitaux des grandes Villes, telles que Tours, Bordeaux, Lyon & Dijon.

Rien n'eft plus facile que d'opérer promptement cette réforme, par le moyen du Sieur Bucquet lui-même, ou de fa famille & de fes éleves, qu'il enverra volontiers. Les Citoyens diftingués par leur état & leurs fentiments, qui préfident à ces Adminiftrations, peuvent, en fe cottifant entr'eux, faire les frais d'une pareille opération. C'eft une générofité bien peu couteufe, mais la mieux entendue qu'il foit poffible. Des Magiftrats très refpectables, du Parlement de Paris, nous ont confirmé que la mouture économique valoit aux Hôpitaux de cette grande Ville de Paris, cent quatre-vingts mille livres de rente en bénéfice sur le pain. Qu'on juge par proportion du profit qui résultera sur le champ, en faveur de ceux de chaque grande Ville.

Les moulins économiques, fondés en chacune des Capitales des Généralités, serviront de modeles à tout le Pays; & ceux qui les conduiroient sous les leçons du Sieur Bucquet, deviendroient Maîtres, eux-mêmes & leurs éleves se répandroient dans toute la Province.

N°. X I I.

Produit des moulins économiques.

Il faut savoir que par la mouture du Sieur Bucquet, on donneroit pour deux cents quarante livres de froment, environ deux cents livres de toutes farines, & environ trente-deux de son.

La mouture économique doit se payer en argent, à raison de vingt sols par septier; c'est le prix du Sieur Malisset.

N°. X I I I.

Observation sur les especes de farines & de sons.

Il faut sur-tout retenir que la mouture économique, produit quatre sortes de farines. 1°. La plus fine & la plus blanche, qui sort par le premier blutage ; on l'appelle farine de bled ou le blanc. La seconde est la farine de premier gruau, & s'appelle de ce nom, ou blanc Bourgeois. La troisieme est de second gruau, qu'on mêle avec la précédente ; enfin la quatrieme est la farine bise.

Les sons sont aussi de trois especes ; le gros son, les recoupettes & le petit son. Ces distinctions sont nécessaires pour entendre ce que nous avons à dire sur le Commerce des farines & sur le pain.

CHAPITRE

CHAPITRE II.
Du Commerce des Farines.

N°. PREMIER.

On doit accorder toute liberté au Commerce des Farines.

SI le Commerce des bleds doit être abfolument libre, comme nous croyons l'avoir prouvé dans le premier de nos petits Traités économiques, celui des farines, doit, par les mêmes raifons, jouir d'une pleine franchife & de la liberté la plus abfolue.

Ce Commerce eft encore plus avantageux que celui des bleds mêmes, par la raifon toute fimple qu'il eft plus facile, moins difpendieux, moins fujet aux accidents. C'eft ce qu'il nous faut détailler, foit par rapport au commerce intérieur, foit par rapport au Commerce extérieur ; après avoir expliqué d'abord ce qu'on entend par le Commerce des farines, & quelles raifons doivent faire defirer qu'il s'étende de plus en plus.

H

N°. I I.

Du Commerce intérieur des Farines.

Voici en quoi confiste ce Commerce, très avantageux au Public, & à ceux qui l'entreprendront les premiers dans les Provinces.

Le Propriétaire ou le Fermier d'un bon moulin, monté pour la mouture économique, achette les bleds dans le meilleur temps, les moud & remoud à fon loifir, affortit fes farines, puis vend au Public, c'eft-à-dire aux Boulangers ou aux Particuliers, la farine prête à faire pain ; foit la fine fleur, ou le blanc, qu'on appelle farine de bled ; foit la farine de premier, fecond ou troifieme gruau; foit les mêlanges divers, par exemple, des quatre enfemble ; qui font de très bon pain pour le Peuple ; foit des deux premieres feulement, qui font de belles & bonnes farines pour la Mer; foit des trois premieres, qui font du beau pain Bourgeois ; foit des trois dernieres, feulement le blanc prélevé, qui font le pain des plus Pauvres.

Nº. III.

De l'assortiment des farines de divers bleds.

Outre les mélanges qu'on peut faire des farines qui proviennent du même grain, les Marchands qui font ce commerce peuvent encore & doivent même, souvent pour leur profit & pour l'intérêt public, assortir ensemble, après la mouture, non seulement les farines de divers grains semblables ; par exemple, de froments de plusieurs années différentes & de plusieurs territoires divers, mais encore celles de grains dissemblables, par exemple de froment & de seigle, dans les lieux où la coutume est de le faire pour le Peuple, sur-tout pour celui des campagnes.

Nº. IV.

Utilité d'assortir, après la mouture, les farines de divers grains semblables.

Suivant la diversité des terroirs, les bleds sont plus ou moins propres à rendre un bon profit en pain & en farine. Les uns sont plus soneux, c'est-à-dire,

H ij

donnent plus de fon & moins de farine ;
les autres ont la qualité contraire.

Les uns font plus favoureux & plus fubf-
tantiels, les autres le font moins.

Ce n'eft pas feulement la diverfité des
terroirs qui produit ces grandes variétés
dans les farines, c'eft auffi celle des années plus ou moins pluvieufes & des récoltes qui en réfultent.

Une troifieme caufe encore, c'eft l'âge
des bleds ; car ils ont un point de mâturité
après qu'on les a cueillis, un dégré fixe
pour leur confervation ; quand ils l'ont
atteint, ils ne font plus que décheoir : auparavant ils font encore imparfaits.

Il y a donc un art de combiner ces fortes fi différentes, de la maniere la plus
avantageufe ; & cet art ne peut s'acquérir
que par l'expérience & par l'émulation
qu'excite la néceffité d'un bon Commerce.

N°. V.

Néceffité de ne mêler qu'après la mouture , les farines provenant de grains de diverfes efpeces.

C'eft une méthode fort commune , mais qui n'en eft pas moins mauvaife , au jugemenr des plus experts , & notamment du Sieur Bucquet , que de mêler enfemble des grains de différentes efpeces , pour les faire moudre fous la même meule.

La diverfité de volume & de configuration dans ces grains, fait que l'un s'écrafe & s'échauffe beaucoup trop, quand les autres ne font pas affez moulus.

Ce vice vient fouvent du champ même où les gens de la campagne, fur-tout les pauvres qui cultivent de petits héritages pour vivre, fement du méteil, c'eft-à-dire du froment pêle-mêle avec du feigle ou d'autres grains. Il vaudroit beaucoup mieux les femer en deux portions féparées, pour plufieurs raifons.

Le feigle eft mûr beaucoup plutôt que

le froment ; tout le monde le fait. Un champ femé de ces deux grains pêle-mêle, ne peut donc jamais être récolté à temps. Si on choifit le point de mâturité du feigle, le froment eft encore tout verd ; fi on attend le moment de ce dernier, le feigle a paffé le fien ; il s'égrenne & fe gâte en cent manieres. D'ailleurs la paille mélangée n'eft pas auffi bonne pour les animaux.

Les Propriétaires intelligents, les Curés, les Seigneurs qui veulent le bien public, devroient donc empêcher, autant qu'ils peuvent, par l'exemple & par l'exhortation, cette mauvaife méthode de s'étendre & de fe perpétuer.

Les grains de diverfes efpeces, femés & récoltés à part, doivent fe moudre & fe bluter féparément : il ne faut mêler les farines qu'au moment même où l'on veut faire du pain ; il y a beaucoup de profit à cette méthode, & c'eft une chofe bien facile.

N°. VI.

Mélange des Farines de diverfes récoltes.

On trouve encore beaucoup d'avantages à mêler enfemble les farines, ou prove-venues de grains femblables entre eux, par exemple de pur feigle & de pur fro-ment; ou mélangées de l'un & de l'autre, comme le méteil, & qui font tirées des grains de plufieurs récoltes différentes.

On peut faire à cet égard trois fortes de mélanges, favoir : des grains de dif-férents terroirs, mais de même année ; des grains de même terroir & d'années différentes, enfin, des grains différents par le temps & les lieux.

C'eft un fait très anciennement con-nu, dont parle Pline le naturalifte, livre huitieme, que les bleds de divers pays, par exemple ceux de Chypre & d'Alexan-drie qu'il cite, font du pain plus beau, meilleur & en plus grande quantité quand ils font mêlés enfemble, la différence du pain étoit, pour la quantité, de vingt livr. à vingt-fix.

Par des expériences faites à Rennes , en 1752, sur des farines provenant du bled de 1750 & 1751 , il s'est trouvé que celle de 1750, rapportoit deux cents cinquante sept livres un quart de pain par mine , que celle de 1751 n'en rapportoit que deux cents trente-deux livres & demie , en tout , quatre cents quatrevingt-neuf liv. trois quarts ; en les mêlant ensemble , on a tiré des deux réunies , cinq cents quatorze liv. de pain de même espece , & il en a été de même pour le méteil composé de froment & de seigle des deux récoltes , pris séparément ou mêlés ensemble.

N°. VII.

Combien ces raisons sont puissantes pour faire desirer que le Commerce intérieur des farines fleurisse dans le Royaume.

De toutes ces expériences si bien constatées & si aisées à prouver , on doit conclure qu'il est très important d'étendre , de perfectionner , d'assurer , de favoriser le Commerce des farines ; car enfin, les

particuliers n'ont qu'une efpece de grains,
d'une feule récolte , fouvent peu avantageufe à manger fur le champ , & fur laquelle on feroit un grand profit à la conferver un ou deux ans avant de la convertir en pain. Si le Commerce des farines
étoit bien répandu , ces Particuliers vendroient leur grain aux Marchands qui leur
en donneroient le plus jufte prix, le prix
naturel , moyennant la pleine liberté, la
franchife & les facilités ; & de l'argent
provenant de leurs ventes , ils acheteroient des farines bien moulues , bien
blutées, bien mêlangées, bien afforties ,
prêtes à faire la quantité convenable de
bon pain, ou même ils acheteroient le
pain tout fait.

Il y auroit à cela un profit naturel très
confidérable , comme on vient de voir ,
qui fe partageroit également entre les Particuliers & les Marchands acheteurs de
bleds , puis vendeurs de la farine ou du
pain.

Suppofons que ce Commerce eût été
parfaitement établi en Bretagne en 1752,

H v

les Marchands auroient acheté le grain au prix courant , & ils auroient vendu , au prix qu'établissent la concurrence & la liberté, des farines de 1751 & 1752, mêlées ensemble, sur lesquelles il y auroit eu de profit vingt-quatre livres un quart, pour deux mines ; ou douze livres de pain, par mine. Ces douze livres ont été perdues en 1751 & 1752 , parceque presque tout le monde en Bretagne, a mangé les farines des deux récoltes séparément.

Il faut compter plus de deux mines par personne, l'un portant l'autre, pour la consommation annuelle ; supposons seulement cinq cents mille ames mangeant pain, c'est en Bretagne douze millions de livres de pain perdues en une année, par le seul défaut du mélange. Qu'on juge par cet échantillon des maux que cause l'ignorance ; combien l'homme se détruit lui-même , & rend inutiles les bienfaits que l'Auteur de la Nature accorde aux avances & aux travaux de l'Agriculture.

Suivant la même proportion , en ne comptant dans le royaume que quinze millions d'ames mangeant pain , & que deux mines de Bretagne , faisant environ cinq cents livres , pour consommation annuelle par tête , il y a eu de perdues en 1753 , plus de trois cents soixante millions de livres de pain , seulement par cette ignorance-là.

N°. V I I I.

Nouveaux motifs pour desirer la prospérité générale du Commerce des farines.

Des raisons très puissantes encore se joignent à ce motif ; c'est le danger continuel attaché à la méthode ordinaire, les peines qu'elle coure , le temps précieux qu'elle fait perdre au pauvre Peuple , & trop souvent même sans aucun profit.

Personne sûrement n'ignore combien il est facile d'être la dupe , ou de la maladresse, ou de la mauvaise foi des Meûniers dans la mouture actuelle: Les hommes les plus sages & les plus expérimentés en ont fait l'expérience.

Si vous envoyez votre grain au moulin , voici la liste effrayante de ce que

vous avez à craindre. Premierement,
dans le mefurage, un maladroit ou un
fripon peuvent vous tromper fur cet article de cinq ou même de fix fur cent.
M. Malouin en cite des exemples curieux : le même homme, avec la même
mefure, vous prouvera qu'un tas de bled
contient cent boiffeaux tout jufte; puis,
qu'il n'en contient que quatre-vingt dix,
puis, qu'il y en a cent dix. Tout cela dépend de la maniere de mefurer. Combien
de particuliers y font pris ?

Secondement, votre grain parti, qui
vous affurera que c'eft le même qui vous
revient en farine ? Ne peut-on pas le
changer tout à fait ou le mélanger d'une
maniere défavantageufe pour vous ? Rien
n'eft moins rare de la part des Meûniers
mercenaires.

Troifiémement, fi c'eft votre bled même qu'on vous rapporte, comment fa-
vez vous fi toute la farine qu'il doit
produire eft dans votre fac, & fi elle eft
moulue comme il faudroit ? D'abord il y
a de mauvais Moulins qui font de mau-

vaiſe farine, & qui en perdent une très-grande quantité ; puis, il y a des Meû-niers ignorants qui gâtent la beſogne ; enfin il y en a de mauvaiſe foi qui volent hardiment.

On a cru trouver le ſecret d'arrêter la fraude en peſant le grain, & en obligeant le Meûnier à rendre, poids pour poids, autant de farine que de grain, preſque tous l'ont accepté ; croit-on que la bonne-foi ſoit rétablie ? Vous en allez juger.

Premiérement, il eſt conſtaté par tou-tes les expériences les plus déciſives, que la mouture la plus économique & la plus fidelle fait ſouffrir le *déchet* de cinq à ſix livres au moins par ſeptier de *bled*. Or, je demande comment on peut vous rendre, ſans fraude, poids pour poids, quand il y a du *déchet* ?

Dans pluſieurs endroits on paie le Meûnier *en nature :* il retient le ſeizieme du bled pour ſa mouture. C'eſt quinze livres de bled par ſeptier de Paris ; le dé-chet étant de cinq à ſix livres, ſon droit eſt réduit à dix livres, quand il rend poids pour poids ; c'eſt aſſez ſans doute : mais qui nous aſſurera qu'il ſe contente de cette réduction du tiers , au moins ?

Dans d'autres lieux , on paie dix , quinze , & même vingt ſols par ſeptier ; mais en rendant poids pour poids , le Meûnier qui perdroit ſur le déchet cinq livres de bled qui valent au moins ſept ſols & demi *bon an* , *mal an* , pourroit-il moudre pour dix ſols ? D'ailleurs , de quel bled vous bonifiera-t-il les cinq à ſix livres de déchet ?

2°. Il y a tant de moyens de vous rendre poids pour poids & de vous tromper : on mouille les ſacs & les farines mêmes : on mêle des recoupes ou du ſon à votre farine ; comment le reconnoiſſez-vous ? La premiere de ces fraudes peut encore ſe découvrir en ne peſant les farines qu'un certain temps après qu'elles ſont revenues du moulin ; nous ſavons que des Négociants ont uſé de cette précaution : ils avoient pris pour lieu de dépôt un endroit très-ſec , fermé à deux ſerrures à deux clefs différentes.

Le Meunier en avoit une , l'autre leur restoit. Chaque semaine on leur apportoit des farines nouvellement faites ; alors seulement on pesoit les anciennes déposées depuis huit jours , & on enfermoit les nouvelles. Mais il restoit encore le doute sur le mêlange de la farine médiocre à la place de la meilleure ; des recoupes & du son : d'ailleurs , le Peuple peut-il user de ces précautions ?

N°. I X.

La plus grande précaution a même encore
ses inconvénients.

Le pauvre , trop instruit par une longue & malheureuse expérience , ne sait rien faire de mieux que de porter soi-même son grain , & de le faire moudre en sa présence pour en rapporter chez soi la farine.

Cette méthode est dispendieuse , comme on voit ; car enfin il se perd un temps précieux dans ces allées & venues : il faut souvent attendre , & le moulage prend bien des moments. Le bon Ouvrage

que feroit un Ouvrier de la Campagne
ou une bonne ménagere , dans l'espace
de temps qui se perd au moulin , vaut
souvent plus que la farine qu'on perdroit
par la fraude du Meûnier. Mais ils ai-
ment mieux faire ce sacrifice , parceque
l'homme est naturellement attaché à son
bien , sur-tout quand c'est sa subsistance ,
& aussi parceque l'homme est naturellement ennemi des *voleurs.*

.D'ailleurs , cette méthode est insuffi-
sante au dire des experts : on peut tromper impunément l'homme qui se croit le
plus habile , le tromper en sa présence
& sans qu'il puisse reclamer. Entr'autres
méthodes pour pratiquer ce bel Art , on
tient les meules basses , c'est-à-dire , très
rapprochées l'une de l'autre , le grain
s'écrase davantage : il y ab eaucoup plus
de farine très-fine : elle ne forme pendant la mouture qu'un nuage léger autour
des meules dans le moulin ; mais après
le départ du curieux , elle retombe par-
tout en fine fleur que les Meuniers savent
très bien ramasser pour en faire un bon

profit. D'ailleurs, il faudroit démonter toute leur machine pour savoir s'ils n'y conservent pas une partie de votre farine, & c'est pour chaque particulier qui vient faire moudre, une chose impossible à exiger.

N°. X.

Le commerce des Farines remédieroit à tous les inconvénients.

S'il y avoit dans toutes les Provinces un grand nombre de Commerçants qui eussent en propriété ou à ferme des *Moulins économiques*, avec la pleine & entiere liberté d'acheter des grains & de vendre des *farines*, on remédieroit absolument à cet inconvénient. Le Boulanger & les Particuliers n'auroient plus qu'une connoissance à acquérir ; celle des farines, sur lesquelles un peu de théorie jointe à la pratique, rend bientôt assez habile.

N°. X I.

Des moyens de favoriser le Commerce des Farines.

La Liberté la plus entiere, la plus parfaite liberté, est sans doute le premier de tous les moyens, la condition indispensable sans laquelle tout le reste est inutile. Mais la sagesse & la bonté paternelle du Gouvernement, peut encore prendre d'autres mesures en faveur du commerce des farines.

Premiérement, il peut instruire la Nation sur les avantages de la Mouture économique, du mélange & de l'assortiment des farines, c'est son dessein ; & même nous avons cité les premiers soins qu'il a pris pour l'exécuter ; les voyages faits par le sieur Bucquet en conséquence des ordres du Ministre, l'impression de son Mémoire, qui sera suivie bientôt de celle du Traité qu'a rédigé sur ses principes le sieur Patte, Architecte, employé à cet effet ; nous desirons bien sincérement qu'il paroisse au plutôt, & nous pouvons assurer que le Public va l'attendre avec la plus vive impatience.

Secondement, il peut par l'*autorité* faire construire des Moulins économiques dans les grandes Villes pour le service des Maisons publiques, dont il a la suprême administration. Moulins qui serviront de modele & d'école pour les Provinces. Il peut forcer les Propriétaires des Moulins banaux de les rendre propres à moudre par économie : il peut engager par *recommandation* les grands & riches Propriétaires à cette bonne œuvre, de fonder un Moulin économique dans leurs Terres.

Troisiémement enfin, il peut accorder des franchises & des distinctions aux Négociants en bled & en farines, Propriétaires ou Fermiers des Moulins économiques, c'est-à-dire, les exempter de toutes les Charges qui repoussent les hommes aisés & industrieux, & qui les éloignent du Commerce rural. S'il n'y avoit pour eux ni Taille arbitraire, ni Milice pour leurs enfants & leur garde

Moulin, ni Corvées, ni Collecte, s'ils étoient assimilés en tout aux plus notables Bourgeois des Villes, & traités comme tels. S'il étoit permis même à la Noblesse de faire ce Commerce le plus nécessaire de tous, le plus avantageux au pauvre Peuple, il y a tout lieu de croire qu'il seroit bientôt dans une grande activité.

Un Noble peut travailler sans rougir & sans déroger à faire des verres à boire, il peut commercer en gros toutes especes de Marchandises; pourquoi ne pourroit-il pas faire le commerce des farines par le moyen du *Moulin* économique : est-ce que le *Verre* est plus nécessaire que le *Pain* ?

N°. VII.

Du Commerce extérieur des Farines.

Il y auroit beaucoup de frais épargnés si on ne transportoit hors de France, pour la consommation des Colonies & des Etrangers, que des farines prêtes à faire pain, par exemple, des deux premieres

efpeces que donne la mouture économique.

Ces deux fortes mêlées enfemble font
de meilleur pain que les minots mêmes
de la mouture méridionale, parceque
ceux-ci ne font que la portion la plus
fine & la plus blanche, mais non la plus
fubftantielle & la plus favoureufe. C'eft
le germe qu'il faut mettre dans le pain
pour le faire bon ; mais le germe ne peut
être réduit en farine que par un ou même deux remoulages.

La mouture économique n'*échauffant*
le grain & la farine , ni dans le moulage
ni dans le remoulage, les deux premieres
farines combinées font excellentes pour
le Commerce extérieur.

N°. XIII.

De la connoiffance des Farines.

On voit qu'il n'y auroit plus à defirer
pour le Peuple que l'habileté de fe connoître *en Farines*, fi le Commerce en
étoit auffi général & auffi favorifé qu'il
l'étoit peu jufqu'à préfent. Tout ce qu'on

peut dire en général, c'eſt que *les Farines* doivent ſe juger par l'odorat, par les yeux, par le tact & par le goût.

Les meilleures Farines ne ſont pas les plus blanches; les meilleures tirent ſur la couleur citron clair; l'odeur des bonnes farines eſt aiſée à diſcerner; pour le tact, il faut que la farine, priſe à pleine main & ſerrée, faſſe des pelottes : il faut que, preſſée ſous le pouce, elle ſe trouve douce & comme un peu onctueuſe ; celle qui eſt trop molaſſe eſt appellée *Farine creuſe*; enfin on peut goûter les Farines mêmes; &, avec un peu d'habitude, on jugera très bien, par la ſaveur, ſi elles ſont bonnes ou mauvaiſes.

Le plus ſûr eſt de peſer une quantité de *Farine*, & une quantité d'eau convenable, ſuivant que nous l'expliquerons dans le Traité du Pain, & d'en couper de la pâte; on juge bien mieux par la couleur, par l'odeur, par le goût, par la conſiſtance : il faut que cette pâte durciſſe vîte; c'eſt ſigne que la farine boit bien l'eau, & rend par conſéquent bonne qualité de pain ; si elle s'amollit, au lieu de durcir, la Farine ne vaut rien, de même si la pâte est trop cassante. Quand la farine est gâtée ou mêlée de mauvaise, la pâte est grise, brune ou piquetée, au lieu d'être d'un blanc tirant sur le citron clair. L'odeur & le goût dictent encore bien mieux les mauvaises qualités de la Farine réduite en pâte.

N°. XIV.

Conclusion du Traité des Farines.

Tous les vœux & tous les efforts des bons Citoyens doivent se réunir pour enseigner, prêcher, établir, confirmer, multiplier dans le Royaume la construction des Moulins économiques, & le commerce des Bleds & des Farines.

Si le Royaume contient seize millions d'ames mangeant du pain, la mouture économique, au point où l'a portée le sieur *Bucquet*, réduisant la consommation par tête à deux septiers, au lieu de trois, que comptoit encore M. le Maréchal de Vauban, sur la fin du siecle de

Louis XIV ; c'est seize millions de septiers épargnés chaque année , ce qui fait
192 millions par an à raison de 12 liv. le
septier l'un portant l'autre ; ces 192 millions se *perdoient* à-peu-près tous les ans,
& se perdent encore en partie. La mouture économique , la liberté & l'enno-
blissement du commerce *des Farines* , établis dans tout le Royaume, les épargneroient au Peuple sur sa subsistance.

Fin du second petit Traité économique.

TROISIEME TRAITÉ

SUR

LA FABRICATION

ET LE

COMMERCE DU PAIN.

CHAPITRE PREMIER.

De la Fabrication & du Commerce du Pain.

ARTICLE PREMIER.

Détails sur l'art de la Boulangerie.

N°. PREMIER.

Préparation, mélange & assortiment des Farines.

Avant d'entamer aucun détail sur l'art de la Boulangerie, nous devons répéter ici ce que nous avons dit sur la préparation, le mélange & l'assortiment des farines. Le second de nos petits Traités économiques avoit pour but, de prouver une vérité qui nous semble très important, savoir : » Qu'il faudroit établir » par-tout le Royaume la MOUTURE ÉCO-» NOMIQUE, & PAR ELLE le Commerce » libre & florissant des farines ».

Tant que les moulins de nos Provinces ne moudront qu'à la grosse (1), c'est-à-dire sans repasser les gruaux sous la

---

(*) Quelques Personnes ont voulu appeller à Paris *mouture à la grosse*, une mouture économique moins parfaite, pratiquée par quelques Boulangers de la Capitale, qui séparent, chez eux, les gruaux dans un blutoir, & les font repasser à la meule. C'est vouloir tout confondre sans raison que de s'exprimer ainsi. Le caractere de la *mouture économique* en général *est le remoulage* des gruaux. Il y a plusieurs degrés de mouture économique, & la plus parfaite de toutes, est aujourd'hui celle du sieur César Bucquet ; soit qu'il fasse moudre pour le pain de ménage ce qu'il appelle *mouture à la Lyonnoise ;* soit qu'il fasse moudre pour le Commerce des farines blanches, tant dans le Royaume que sur mer & dans les Colonies, en quoi il réussit parfaitement.

meule ; tant que les Meûniers ne feront
que des mercenaires payés foit en bled,
foit en argent, pour chaque mouture,
il y aura toujours une perte immenfe
pour le Peuple.

Nous avons indiqué les moyens d'é-
tendre promptement la mouture économique, & même de la perfectionner de
plus en plus ; elle fait depuis cinq ou fix
ans les progrès les plus rapides.

Le réfultat des expériences du Sieur
Bucquet, a été de porter le produit commun en farines, pour chaque feptier de
froment, de cent foixante-dix-huit livres, où il l'a trouvé, jufqu'à cent qua-
tre-vingt-quatorze livres, qu'il en tire
communément aujourd'hui.

N°. I I.

Premiere Obfervation.

Nous comptons toujours pour un feptier
de Paris, le poids de deux cents quarante
livres de froment, de feize onces chaque livre, poids net, fans fac.

La raiſon pour laquelle nous préférons cette maniere de compter , c'eſt qu'il y a exactement deux cents quarante deniers dans vingt ſols , & par conſéquent toutés les fois que le ſeptier augmente ou diminue de vingt ſols, chaque livré de bled , augmente ou diminue d'un denier. Trois livres de diminution ou d'augmentation ſur le ſeptier de bled , font un liard ſur le prix de chaque livre de bled : ſix francs , ſur le ſeptier , font deux liards ſur la livre de bled. Ainſi , pour que la livre de bled vaille trois ſols ou trente-ſix deniers , il faut que le ſeptier ſoit à trente ſix francs ; pour qu'elle vaille deux ſols ou vingt quatre deniers , le ſeptier doit être à vingt-quatre francs.

D'où réſulte cette regle générale , très commode, que la livre de bled coute exactement autant de deniers que le ſepcoute de francs , par conſéquent autant de liards que le ſeptier coute d'écus de trois livres.

Proportions qui n'exiſtent plus , ſi on ne prend pas le ſeptier au poids ſeulement , & à raiſon , de deux cents quarante livres , de ſeize onces , ſans ſac.

Nº. I I I.

Seconde Obſervation.

Nous avons remarqué dans le Traité des farines , Chap. II. nº. 3 , 4 , 5 & 6 , les conditions eſſentielles qui multiplient le produit de la farine & du pain ; nous avons dit qu'il y avoit des différences d'années & de récoltes , & que les bleds rendoient plus ou moins de farine & de pain , ſuivant le ſol & la ſaiſon ; nous avons dit encore, qu'il y avoit un âge pour les bleds , qu'il falloit attendre le vrai point de leur maturité pour les faire moudre , qu'il y avoit de même un point pour les farines , & qu'il falloit le ſaiſir pour les vendre dans le moment où elles étoient meilleures à faire pain ; enfin , nous avons indiqué & prouvé par des expériences, qu'il y avoit des moyens de corriger les défauts des bleds & des farines, en les combinant, en les mêlant, en les aſſortiſſant ; que deux bleds, ou deux farines mêlangées , produiſent plus de pain que les deux ſéparément.

Nous ſuppoſons toujours que ces conditions , ſi clairement exprimées , auront été remplies , & nous raiſonnons en conſéquence.

Il y a dans le monde des eſprits qui contrediſent volontiers les Livres ſans les lire , ſeulement après en avoir parcouru quelques pages , & qui s'attachent par routine à des opinions (même fauſ-ſes & pernicieuſes au bien public) ſans vouloir ſe donner la peine d'examiner le nombre de raiſons qu'on allegue pour les détruire; ces perſonnes ſe mêlent encore quelquefois de donner des conſeils & d'entretenir les préventions de ceux en qui elles ſont plus dangereuſes; nous ne voulons pas que ces Critiques , ſoi-di-ſants , puiſſent nous accuſer une ſeconde fois de n'avoir pas expliqué ces conditions (dont le détail forme pourtant le ſecond Chapitre de notre Traité des Fa-

rines) nous aimons mieux nous répéter
que de donner la moindre occafion même
à de mauvaifes difficultés.

Nous prions donc inftamment nos
Lecteurs de fe reffouvenir fans ceffe que
nous parlons du Pain , d'après la fuppo-
fition d'un commerce libre & floriffant
des farines , établi & perfectionné dans
le Royaume par le moyen de la mouture économique dont nous avons prouvé l'utilité d'une part , en montrant de
l'autre à quel point il eft facile tant aux
bons & honnêtes Citoyens , qu'au Gouvernement & aux Adminiftrateurs particuliers de la rendre bientôt très commune dans toute la France.

Nº. VI.

Troifieme Obfervaion.

Les mêmes Critiques nous ont demandé pourquoi nous nous étions con-
tentés d'indiquer le dernier réfultat général de la mouture économique actuelle , fans donner le détail des opérations & celui des expériences par lef-

quelles on y eſt parvenu ? Quelques perſonnes bien intentionnées nous ont fait
auſſi la même queſtion.

Nous avons répondu que ce détail ne
nous avoit pas été communiqué, mais
ſeulement des preuves juridiques du réſultat (1) ; que nous n'aurions pas même
tenté de publier ce détail, quand même
nous l'aurions vu, parceque c'eſt l'affaire d'un Architecte & d'un Meûnier,

____

(*) On a voulu encore critiquer notre énoncé
ſur ce réſultat, en prétendant que dans les dernieres années l'Hôpital de Paris n'avoit tiré que
deux cents cinquante-huit liv. de pain par ſeptier;
mais outre que ſon ſeptier ne peſe que deux cents
trente-ſix livres, au lieu de deux cents quarante
livres, il n'y a eu que les deux tiers de ſa mouture faite par le ſieur Bucquet, l'autre tiers par
des méthodes fort inférieures. D'où il réſulte,
que 240 livres de froment, moulu par le ſieur
Bucquet, font plus de deux cents ſoixante livres
de pain, comme nous avions dit, ſur-tout ſi on
ne fait qu'une ſorte de *pain de ménage*, comme
nous l'avons annoncé, & comme nous allons
l'expliquer; car l'Hôpital en fait de deux eſpeces.

professions qui nous sont totalement étrangeres, parceque nous ne voulons ni ne pouvons mettre la faulx dans la moisson d'autrui, & que le sieur Patte, Architecte, de concert avec le sieur Bucquet, étoient prêts comme nous l'avons dit, à publier leur Traité de la Mouture, composé par les ordres de M. Bertin, Ministre d'Etat, sous la direction du sieur Parent.

Nous espérions en 1768 que ce Traité verroit le jour incessamment, & qu'il seroit probablement précédé d'un autre éclaicissement historique & pratique des progrès de la mouture économique, dont tous les détails confirmeront pleinement nos résultats & nos assertions. Jusqu'ici des motifs inconcevables ont empêché la publication de cet ouvrage, mais le Gouvernement actuel la desire & l'accélere.

Nous insistons donc seulement ici, pour que nos Lecteurs ne séparent point d'avec l'idée de la mouture la plus économique, & du commerce absolument libre des Farines, tout ce que nous allons dire sur la fabrication du pain, & sur-tout du pain de ménage.

N°. V.

Premiere division des diverses especes de Pain.

Tout le monde sait qu'on fait des pains de plusieurs sortes ; les uns sont composés avec des Farines d'une seule espece, soit de froment, soit de seigle, soit d'orge & même d'autres grains, racines ou fruits farineux , tels que le maïs, le millet, la pomme de terre, le manioc, les chataîgnes , & jusqu'aux glands.

On fait aussi du pain de plusieurs qualités diverses, en mêlant ensemble des farines provenant de deux ou de plusieurs especes de grains, fruits ou racines.

Le plus commun est mêlé de froment & de seigle , on l'appelle méteil ; plusieurs pauvres Ouvriers de la Campagne font encore usage en quelques Provinces du Pain mêlé d'orge & de froment, ou de seigle & de bled sarrasin.

La premiere eſpece de pain eſt certainement celle de pur froment : la ſeconde, celle de méteil , compoſé du froment & du ſeigle ; on conçoit que ce méteil eſt d'autant meilleur que le froment y domine : la troiſieme eſpece eſt de pain de pur ſeigle.

Il ſeroit à ſouhaiter que l'orge , ou du moins l'avoine & le ſarraſin fuſſent réſervés pour les animaux auxquels ils conviennent parfaitement ; les autres grains, fruits , & légumes , font des pâtes , des aliments , des ragoûts très bons , mais de mauvais Pain , ou du moins du Pain très médiocre , qui ne vaut pas la peine qu'on y met , & le temps qu'on y perd.

Si , par la bonne mouture & la bonne boulangerie le Peuple tiroit du froment & du ſeigle , toute la farine & tout le pain qu'on en peut tirer ; ces deux avantages , très conſidérables , joints à ceux que procureroit la liberté parfaite du Commerce des grains , le mettroit bientôt à portée de ſe paſſer de tous les ſuppléments deſirés par la miſere ; tout le monde en France pourroit manger du pain, au moins de la troisieme espece, c'est-à-dire de bon seigle. C'est à quoi tendent tous les vœux des vrais Citoyens ; c'est à quoi nous avons tâché de servir en faisant sur le bled, la farine & le pain, les recherches qui forment nos Avis au Peuple sur son premier besoin.

Nº V I.

Seconde division des diverses especes de Pain.

Nous ne parlerons donc dans ce Traité du pain, que de ceux de pur froment, de méteil & de seigle ; mais chacune de ces trois especes peut former encore quatre sortes de pains très différents pour la couleur, pour le goût, pour la substance, ou pour la qualité qu'ils ont de nourrir.

De ces quatre especes, trois sont connues dans Paris & dans les grandes Villes ; la premiere est le pain blanc, la seconde est le pain bis-blanc; la troifieme eft le pain bis , ou noir pour mieux dire.

La quatrieme efpece eft la moins connue dans la Capitale du Royaume & dans les grandes Villes des Provinces. C'eft pourtant celle qui mérite mieux de l'être : on l'appelle pain de ménage.

N°. VII.

Du Pain blanc.

Le pain blanc, plus connu dans les grandes Villes, fe divife lui-même en trois efpeces, fuivant la fineffe de la farine & la confiftance de la pâte. Les uns font de pâtes plus fines & plus délicates, ou de pâte molle, qu'on appelle pains mollets : les autres, font d'une pâte plus dure & rendue plus folide par un travail particulier, qu'on appelle pâte broyée, qui devient chaque jour moins en ufage à Paris : la troifieme eft mitoyenne, & s'appelle en terme de Boulangerie pâte batarde ; mais dans l'ufage commun on l'appelle pâte ferme : c'eft le pain ordinaire qu'on vend aux marchés de Paris.

Il faut remarquer que les pains mollets se vendent sous un petit volume; ils ne passent pas une livre de seize onces pour l'ordinaire : il y en a de douze, de huit, de six & même quelquefois de moins.

Il y a quelques-uns de ces petits pains, dans lesquels il entre du lait, & presque tous sont faits avec de la levure de bierre, & non avec des levains naturels, comme nous l'expliquérons à l'article des levains.

Les pains de pâte batarde, communément appellée pâte ferme, se débitent en plus gros volume, de trois, de quatre, ou même de six livres.

Le gros pain blanc se fabrique en masses rondes de six, huit, dïx ou douze livres. Nous expliquerons dans la suite, par une raison physique, & très facile à concevoir, quelle est l'influence du volume des pains blancs sur leur prix.

N°. VIII.

Du Pain bis-blanc & du Pain bis.

Quand on a prélevé les premieres farines blanches pour fabriquer les pains dont nous venons de parler, il reste les farines inférieures en qualité, pour faire le pain bis-blanc & le pain bis.

Il faut distinguer ici les résultats de la mouture à la grosse, de la mouture méridionale & de la mouture économique, & même celui de la mouture plus économique, pratiquée par le sieur Bucquet.

Mouture à la Grosse.

La mouture à la grosse donne des farines pour trois especes de pains; le blanc, le bis-blanc & le bis. Si nous prenons pour exemple de cette mouture, l'épreuve faite juridiquement à Valenciennes, le premier Septembre 1764, dont le Procès-verbal a été imprimé à Paris, le 18 Octobre de la même année, chez Thomas Hérissant, rue S. Jacques, nous trouvons que trois facs pefant chacun cent foixante livres de froment, & faifant par conféquent quatre cents quatre-vingts livres, ou deux feptiers de Paris, ont produit :

1°. Pour pains blancs, quatre-vingt-fept livres de farines ; favoir : pour pain mollet, trente fept livres ; &, pour pain ordinaire, cinquante livres.

2°. Pour pain bis-blanc, cent neuf liv. huit onces.

3°. Pour pain bis, cent trente-trois livres.

En tout, trois cents vingt-neuf livres huit onces de farines ; lefquelles, au dire des Boulangers, & fuivant l'épreuve qu'on a faite du dixieme de ces farines, auroient donné quatre cents foixante cinq livres & quelques onces de pain.

D'où il auroit réfulté quatorze livres quatorze onces de moins en pain, que ne pefoit le bled.

Mouture méridionale.

Si nous prenons pour exemple de cette mouture l'épreuve juridiquement faite à Bordeaux, le 18 du mois de Décembre 1766, dont le Procès-verbal a été imprimé en 1768 à Dijon, à la suite d'un mémoire du Sieur Bucquet, nous trouverons qu'on a mis en expérience cinq cents vingt livres de bled, qui forment deux septiers, mesure de Paris, & un sixieme de septier en sus ; ce qui nous oblige à retrancher un treizieme de tous les produits, pour égaler les grains à ceux de l'expérience de Valenciennes.

Cette soustraction étant faite, voici le résultat :

1°. Pour pain blanc, cent onze livres.

2°. Pour pain bis-blanc, cent cinquante neuf livres.

3°. Pour pain bis, cent dix livres.

En tout, trois cents soixante onze à douze livres, pour la valeur de deux septiers de Paris ; lesquelles ont produit quatre cents quatre-vingt-seize livres de pain.

Obſervez, en conſéquence, que la mouture méridionale donne, au total, vingt-une livres de plus en farines que la mouture à la groſſe, par chaque ſeptier, meſure de Paris ; ſeize livres ſeulement de pain de plus par ſeptier, parcequ'elle fait plus de farines à pain blanc qui rendent moins.

La différence ſur cet article eſt très notable. Elle eſt de quarante-trois livres & demi que donne la mouture à la groſſe, à cinquante-cinq & demi que donne la mouture méridionale.

Premiere Mouture économique.

Suivant le même Procès-verbal de Valenciennes, la mouture économique du ſieur Maliſſet, dirigée par lui-même, a produit, pour deux ſeptiers de froment, meſure de Paris :

1°. Pour faire pain blanc, deux cents ſoixante-quatre livres ; ſavoir : pour pains mollets, farine de premiers gruaux, ſoixante douze livres ; pour pain de pâte ferme, farine de bled, cent quatre-vingt douze livres.

2°. Pour faire du pain bis-blanc, farine de seconds gruaux, trente quatre livres moins deux ou trois onces.

3°. Pour pains bis, farine de troisiemes gruaux, trente-trois livres.

Lesquelles auroient produit quatre cent cinquante livres de pain, suivant le dire des Boulangers experts, & l'épreuve faite d'un dixieme des farines.

Seconde Mouture économique.

Suivant le procès-verbal d'une expérience faite à Corbeil, le 7 Decembre 1767, par le même sieur Malisset.

Deux septiers de froment moyen, péfant quatre cents cinquante-neuf livres ont produit en différentes farines, trois cents trente-huit livres, & cent six liv. de son.

De ces farines on a fait :

1°. En pain blanc, deux cents quarante livres, en mêlant la farine de bled & les premiers gruaux.

2°. De pain bis-blanc, cent une liv. huit onces.

3°. De pain bis , cent quatre livres.

En tout , quatre cents quarante-cinq livres huit onces de tout pain.

Troifieme Mouture économique.

Suivant le Procès-verbal de Bordeaux , du 18 Décembre 1766 , le fieur Bucquet a tiré de deux feptiers :

1°. Trois cents quarante-cinq livres de farines blanches.

2°. Cinquante neuf livres de farines bifes.

D'où il a réfulté quatre cents neuf livres de très beau pain blanc , & quatre-vingt feize livres de pain bis ; en tout , cinq cents cinq livres de pain.

La perfection de cette mouture donne , comme on voit , deux profits , favoir : premiérement , une plus grande quantité de pain au total ; fecondement , un grand excédent de pain blanc.

La bonté & l'utilité de la mouture économique, telle que la pratique le fieur Bucquet , confifte à ne faire que du pain blanc , & bis feulement , fans mélange de bis-blanc.

Suivant le Procès-verbal très authentiques des Jurats de Bordeaux , fon pain
blanc étoit beaucoup plus beau & meilleur que celui de la mouture ordinaire ,
& fon pain bis infiniment fupérieur au
pain bis ordinaire ; en forte que les Boulangers experts fixerent le prix de ce pain
bis à deux fols dix deniers la livre , pendant qu'il n'eftimoient leur propre pain
bis que deux fols , & leur pain bis blanc
que trois fols.

Nº. I X.

Réfultat très effentiel.

La conféquence qu'on doit tirer de
toutes ces épreuves , c'eft qu'il eft fort
intéreffant , pour le Public , de pofféder
le plutôt poffible la mouture économique du fieur Bucquet , afin de tirer plus
grande quantité de pain blanc , & de
meilleur pain bis pour le Commerce ordinaire.

Cet habilé Artifte a infifté , lots du
Procès-verbal de Bordeaux , & à la fuite
de fon Mémoire imprimé , fur cette OB-

fervation très effentielle, que les Boulangers de Bordeaux, n'ont pas tiré de fes farines autant de pain qu'ils auroient dû, faute de favoir les travailler, comme il convient. Il évalue cette perte à dix-fept livres de pain.

En conféquence il affure que, par une bonne mouture à fa maniere économique pour le Commerce, deux cents quarante livres de bon froment, doivent au moins rendre depuis deux cents cinq, jufqu'à deux cents dix livres de pain blanc, & depuis trente-cinq, jufqu'à quarante livres de bon pain bis.

N°. X.

Du pain de ménage.

Le vrai pain qui convient au Peuple pour fa confommation, le plus favoureux, le plus fubftantiel, celui qui fe garde plus long temps dans fa fraîcheur, celui qui fait plus de profit enfin, c'eft le pain de ménage, fait de toutes farines, en n'ôtant que le fon & les recoupes.

Ce pain n'eft pas parfaitement blanc;

il est plutôt jaune, mêlé de gris ; c'est pourquoi les gens des Ville pourroient au coup d'œil le confondre avec le pain bis-blanc, & peut-être même avec le pain bis.

Il est donc très important qu'on sache faire la différence du pain de ménage, & de tous les autres.

Pour s'en bien pénétrer, il n'y a qu'à savoir que par la mouture économique la plus ordinaire, on tire du bled plusieurs sortes des farines, savoir : 1°. la plus fine qu'on appelle farine de bled ; 2°. une farine plus belle & meilleure encore, dite de premier gruau ; 3°. farine de second gruau ; 4°. une farine de troisieme gruau, qui est bise ; & quand on remoud quatre fois au lieu de trois, on a une farine plus bise de quatrieme gruau : quelques Meûniers font encore remoudre une cinquieme fois, & ils ont une farine de cinquieme gruau.

Ceci étant éclairci pour les farines ; il faut savoir que la farine de bled, qui est la premiere, a moins de goût & de substance. C'eſt avec elle qu'on fait le pain blanc commun de pâte ferme ; celui qui ſe vend au marché de Paris.

La farine de premier gruau eſt la plus belle, la meilleure, la plus ſubſtantielle des blanches ; elle ſe vend plus cher. On ſe ſert de cette farine pure pour faire les belles pâtiſſeries & les petits pains mollets, en y mêlant plus ou moins de farine de bled.

La farine de ſecond gruau fait le pain *bis-blanc* qu'on rend d'autant plus beau, en y mêlant un peu de farine de bled, qui eſt plus blanche à l'œil que toutes les autres, mais non meilleure ; car la farine de ſecond gruau, quoique moins agréable à l'œil, eſt bien meilleure au goût & bien plus nourriſſante que la farine de bled.

Enfin le pain bis ſe fait avec les troiſieme, quatrieme & cinquieme farines de gruaux, auxquelles on mêle ſouvent du ſon ou des recoupes.

Telle eſt la compoſition du pain blanc, ſoit mollet, ſoit de pâte ferme ; du pain bis-blanc plus ou moins beau, & du pain bis.　　　　　　　　　　　Le

Le pain de ménage, au contraire, eſt fait en mêlant enſemble toutes les farines, ſoit la farine de bled , ſoit les farines de premier , ſecond & troiſieme gruau.

Pour faire du bon pain de ménage, il ne faut pas remoudre plus de deux fois, & par conſéquent il n'y a que trois eſpeces de farines à mélanger.

Nº. X I.

Mouture particuliere pour le pain de ménage.

Nous avons annoncé dans le Traité des Farines , & nous répétons ici , (cat on ne ſauroit trop inſiſter ſur les objets d'une utilité ſi grande, ſi générale & ſi évidente) que le ſieur Bucquet a perfectionné , depuis quelques années, par une longue ſuite de recherches & d'expériences, la mouture qu'il appelle à la Lyonnoiſe , qui eſt une mouture plus économique, propre à faire le bon pain de ménage.

Cette mouture qui tend à la quantité

K

& à la bonté du pain, plutôt qu'à la couleur (chofe très indifférente à la fubfiftance du Peuple) produit communément depuis cent quatre-vingt-dix livres de toutes farines, pour chaque feptier de deux cents quarante livres, jufqu'à cent quatre-vingt-quinze ou feize livres.

Le Public devroit avoir depuis long-temps le détail de cette mouture expliqué très clairement, avec les plans & les figures du moulin & de tout l'acceffoire, fi l'on s'en fût tenu, comme on le devoit, au travail de M. Patte & aux Mémoires du fieur Bucquet.

Nº. XII.

Supplément provifoire à la bonne mouture économique.

Il y a une méthode provifoire pour fuppléer un peu à la bonne mouture économique, propre au pain de ménage; cette méthode confifte à féparer, par le blutoir ou par le fas, les gruaux qui reftent dans le fon par la mouture ordinaire, & à les faire entrer dans le pain, en les pêtriſſant par une méthode que nous indiquerons plus bas.

Les gens de la campagne, qui ne faſſent ou ne blutent qu'une fois leur farine, eſſuient, comme nous l'avons remarqué, un double inconvénient ; comme ils ſe ſervent de gros ſas, il y paſſe beaucoup de ſon qui rend leur pain noir, & le fait aigrir trop promptement.

Cependant, comme leur bled, qui n'a été moulu qu'une ſeule fois, n'eſt écraſé qu'imparfaitement, il y a beaucoup de groſſes parties, qui ſont de beaux & bons gruaux, qui ne paſſent pas à travers le ſas ; mais qui ne contiennent pas moins de bonne farine.

Il faudroit donc qu'ils euſſent deux ſas ; ou un blutoir ſemblable à celui de la mouture méridionale, qui fait l'office des deux ſas. Par le premier, qui ſeroit plus fin, ils ſépareroient la premiere farine, puis en reprenant tout ce qui ſeroit reſté, & ſe ſervant d'un autre ſas un peu moins ſerré, ils retireroient les gruaux, qu'il ne faudroit pas confondre avec la premiere farine, parcequ'ils ont befoin de recevoir une façon différente en pétriffant.

Ceci n'eft pas difficile à comprendre ni à exécuter. Il s'agit de laiffer les farines qui fortent du premier fas, & celles qui fortent du fecond, féparées jufqu'au pétriffage.

Quand on opere avec un blutoir, & non avec un fimple fas, il faut de même laiffer les deux efpeces de farines féparées jufqu'au pétriffage.

Nous expliquerons le refte en parlant de la fabrication du pain. Nous n'avons que ce confeil très important à donner en ce moment, où nous parlons de la préparation des farines.

N°. XIII.

Différence très importante entre le fupplément provifoire & la bonne mouture économique, propre au pain de ménage.

Il ne faut pas s'imaginer que la méthode fur laquelle nous venons d'infifter, puiffe jamais fuppléer à la bonne mouture économique à la Lyonnoiſe, pour le pain de ménage ; au contraire, il y aura toujours à perdre pour la qualité & pour la quantité, juſqu'à ce que cette méthode ſoit introduite & rendue générale dans nos Provinces.

Premiérement, pour la qualité, parceque le défaut de remoulage laiſſera toujours échapper, avec le ſon, une très-grande quantité de groſſes portions du germe des grains, le plus difficile à écraſer, le plus dur, mais auſſi le plus ſavoureux & le plus nourriſſant ; & auſſi parceque le ſecond ſas ne pourra jamais laiſſer échapper les gruaux d'une groſſeur médiocre, ſans qu'il ne paſſe avec des portions de ſon.

Secondement pour la quantité, parceque le gruau qui n'eſt pas moulu prend moins d'eau & fait moins de pain, même quand on le pétrit de la maniere que nous le dirons ; & parceque les parties les plus dures, qui forment les gros gruaux & qui reſtent dans le ſon, ſont préciſément celles qui rendroient plus de pain; parcequ'enfin le fon qui paffe à leur place dans le gros fas, ne boit pas d'eau, & ne fait pas de pain ; mais refte comme il eft.

D'où il s'enfuit que tous les vrais & honnêtes Citoyens ne peuvent trop fe hâter de procurer à leur pays la bonne mouture économique du fieur Bucquet, foit fa mouture pour le Commerce, foit celle qu'il fait à la Lyonnoife pour le pain de ménage propre à la nourriture du Peuple.

ARTICLE SECOND.

De la Fabrication du Pain.

Il y a trois parties effentielles à confidérer dans la fabrication du pain, favoir, le levain, la pâte & la cuiffon du pain.

N°. PREMIER.

Des Levains, & de leur importance.

Rien n'eft plus effentiel à la qualité du pain que celle du levain. Elle influe même fur la quantité comme fur le goût & la falubrité.

C'est sur-tout par le défaut des levains, que pêche le pain du Peuple, soit à la Campagne, soit dans les Villes médiocres, & même dans les Châteaux & dans les maisons bourgeoises, où l'on fait faire du pain par des femmes mal instruites.

Pour bien concevoir l'art d'employer toujours de bons levains, & de les employer à profit, il faut se pénétrer de ce principe, aisé à comprendre & à retenir : » que le levain est une pâte qui » s'AIGRIT ; mais qui n'est pas encore » parvenue à son dernier point D'AI-» GREUR ».

Si on laisse la pâte acquérir ce point de la plus grande aigreur, elle commence à pourrir, & par conséquent elle communique à la nouvelle pâte à laquelle on voudroit l'incorporer, une qualité bien différente de celle qui résulte du levain, quand il n'est que dans la fermentation qui conduit à l'aigreur.

N°. II.

Du Levain de chef.

Quand on s'eft bien mis dans la tête ce principe fondamental, que le bon levain eft une pâte qui s'aigrit, & non pas une pâte parfaitement aigre ; pour ne jamais fe tromper dans la pratique, il faut s'appliquer à bien faifir ces trois idées ; 1°. celle du levain de chef, qui eft le premier ; 2°. celle du levain de tout point, qui eft le dernier ; 3°. celle des levains rafraîchis, qui font intermédiaires.

Le levain de chef eft une portion de pâte qu'on réferve par-tout, quand on a pétri, & qu'on laiffe s'aigrir pour fervir à la premiere occafion qu'on voudra boulanger.

Il faut le conferver dans un vaiffeau propre, & dans un lieu clos & tempéré ; l'éloigner de l'air, du vent, du foleil & des mauvaifes odeurs ; le préferver de la gelée, des trop grandes chaleurs & des autres caufes qui pourroient trop accélérer ou retarder la fermentation.

La plupart des gens de campagne ont la mauvaise habitude de garder un trop gros levain de chef; en conséquence de ne point rafraîchir depuis le moment où ils ont fait du pain, jusqu'à celui où ils en font d'autre. Nous allons expliquer plus bas, en quoi cette méthode est mauvaise & très mauvaise.

Huit onces de levain de chef suffisent à ceux qui ne boulangent que tous les quatre ou cinq jours du pain de ménage.

Nº. I I I.

Du Levain de tout point.

Le levain de tout point est un dernier levain qu'on fait quelques heures avant que de pétrir le pain.

Les gens de la campagne, qui ne font rien entre le levain de chef & ce levain de tout point, ont encore la mauvaise habitude de faire le dernier la veille, & de ne boulanger que le lendemain ; mais aussi le font-ils trop petit pour la masse.

Au contraire, il ne faut faire le levain de tout point que trois heures avant de

K v

pétrir. Mais il faut pour cela, 1°. avoir rafraîchi convenablement son levain ; 2°. faire le levain de tout point du tiers de la farine qu'on veut cuire.

C'eſt à-dire que ſi on boulange trois boiſſeaux de farine, il faut que le levain de tout point en contienne un, & ainſi à proportion.

<h2 style="text-align:center">N°. I V.</h2>

Des Levains rafraîchis.

L'eſſentiel, c'eſt de rafraîchir ſuffiſamment le levain, ou de le refaire, quand il en eſt beſoin. C'eſt à cette opération qu'on doit s'attacher, ſi on veut avoir de bon pain, & c'eſt préciſément celle qu'on ignore, ou qu'on néglige dans les Provinces.

Les bons Boulangers de Paris, qui pétriſſent tous les jours, rafaîchiſſent trois fois : ils comptent donc cinq levains, ſucceſſivement faits, ſavoir, le levain de chef, puis le premier, le ſecond, le troiſieme rafraîchi ; enfin le levain de tout point.

C'eft principalement à cette attention qu'ils doivent la fupériorité de leur
pâte.

Dans les campagnes, où l'on ne boulange que tous les trois ou quatre jours ,
il faudroit abfolument faire rafraîchir fon
levain tous les jours au moins , ou même
trois fois en deux jours ; on s'en trouveroit très bien , foit pour la qualité ,
foit pour la quantité du pain.

N°. V.

Maniere de rafraîchir les Levains.

Vingt-quatre heures après qu'on a
pétri, on doit faire le premier rafraîchi.
Il faut prendre de l'eau bien tiede ; la
regle la plus ordinaire eft de mettre en
eau , la moitié du poids qu'a le levain de
chef; ainfi vous prendrez quatre onces
d'eau, fi votre levain de chef en pefe huit.

Voici en quoi confifte l'opération du
rafraîchi : vous verfez dans le pétrin ,
(qu'on appelle en Province la maye , ou
la hûche) votre eau bien tiede , vous y
délayez tout de fuite votre levain , le

plus délayé que vous pouvez, ensorte qu'il ne reste ni pâtons, ni gruaux.

Quand tout est bien délayé, vous mêlez peu à peu de la farine, de maniere à faire une bonne pâte bien ferme; car il faut que ce premier rafraîchi soit de pâte très ferme.

Quinze ou dix-huit heures après, il faut rafraîchir pour la seconde fois, en observant, à chaque fois qu'on rafraîchit, trois choses par degrés; 1°. que l'eau soit moins chaude, de moins en moins; 2°. qu'il y en ait plus, soit d'eau, soit de farine, chaque fois qu'on rafraîchit, ensorte que la masse augmente de plus en plus; 3°. que la pâte soit aussi moins dure, de moins en moins.

On doit faire un troisieme rafraîchi & un quatrieme, même s'il faut un cinquieme ou sixieme, de quinze ou dix-huit heures en dix-huit heures, quand on met de grands intervalles entre une fournée & l'autre.

Mais toujours observer les trois proportions, plus d'eau, moins chaude & une pâte moins dure.

Enfin il faut faire le levain de tout point, à eau tiede, mais moins ; & à pâte plus molle, mais de maniere qu'on ait employé en rafraîchi & en levain de tout point précisément le tiers de sa farine.

Celui qui cuit six boisseaux doit donc en employer deux en levain, depuis le premier rafraîchi jusqu'au levain de tout point.

N°. V I.

Du vrai moment où le levain de tout point
est en sa perfection.

Tout le monde sait qu'il faut tenir le levain de tout point à l'abri & bien couvert ; mais ce que tout le monde ne sait pas, & qui est pourtant bien aisé & bien utile, c'est d'observer le point de perfection.

C'est une chose bien simple : tant que le levain se gonfle & s'échauffe de plus en plus, il fermente, & tout va bien. Sitôt qu'il cesse d'aller en se gonflant & en s'échauffant, c'est qu'il est à son point.

Alors, il n'y a pas un moment à perdre pour pétrir.

Si vous attendez que le levain refroidiſſe & s'affaiſſe ; il a fait ſon effet, & votre pain riſque d'être manqué.

Il faut donc tâcher de ſaiſir le vrai point, ne ſe pas trop hâter pour ne pas prendre le levain trop tôt ; ne pas trop tarder, de peur de laiſſer paſſer le bon moment : c'eſt-là le plus eſſentiel.

Qu'on ſe mette bien dans la tête, & qu'on ne perde pas de vue ce point capital ; c'eſt des levains que dépend le bon pain de ménage. Ces levains ont un moment, après lequel ils ne valent plus rien, avant lequel ils ſont moins bons.

Soit qu'on vienne de pétrir, & qu'on en ſoit encore à ſon levain de chef, ſoit qu'on ait refait une, deux, trois ou quatre fois, & par conſéquent qu'on en ſoit au premier, ſecond, troiſieme rafraîchi, ou aux ſuivants ; ſoit enfin, qu'on ait déjà préparé le dernier de tous, appellé levain de tout point, il faut, ou rafraîchir, ou pétrir, dès que

les levains ceffent de fermenter en bien ;
c'eft-à-dire , de fe gonfler & de s'echauf-
fer. Si on le laiffe réfroidir & s'applatir
en aucun temps, tout ira mal, à moins
qu'on n'y remédie , en réparant habile-
ment, & à temps, fes levains.

Nº. VII.

De la maniere de reparer ou refaire les Levains.

Quand on a laiffé paffer à fes levains
leur point de perfection , fi on veut corriger de fon mieux les mauvais effets
qui en réfultent , il faut , en le rafraîchif-
fant, mettre plus d'eau , moins tiede &
moins de farine , c'eft-à-dire , tenir la
pâte plus molle.

Mais il ne faut pas revenir deux fois à
cette négligence dans l'intervalle qui
s'écoule entre deux fournées ; car on rif-
queroit d'avoir de mauvais pain.

Il faut prendre garde auffi que le mauvais effet n'ait pas été jufqu'à un commencement de pourriture fenfible ; car
le levain commence alors à devenir amer,

& il communique ce goût à tout le pain.

Les Boulangers & les Boulangeres, ainſi que les Maîtres & les Maîtreſſes de maiſons qui les dirigent, auront bientôt acquis, par l'expérience, une connoiſſance ſuffiſante ſur l'état du levain. Nous leur répétons qu'ils doivent y apporter la plus grande attention, s'ils veulent avoir de bon pain, & dans la quantité convenable.

N°. VIII.

Des précautions à prendre pour la conſer-
vation des Levains.

Nous avons déjà dit une partie de ces précautions; mais nous aimons mieux les répéter, parcequ'elles ſont eſſentielles & trop ſouvent négligées.

Il faut que les levains, pendant qu'ils fermentent, ſoient à l'abri; c'eſt-à-dire, qu'il ne faut pas laiſſer, même le vaſe qui les contient, quoiqu'il ſoit fort bien couvert, au grand air dans une chambre dont les portes & les fenêtres ſeroient ouvertes ; parcequ'en hyver le froid empêche la fermentation ; en éré, l'air fait trop évaporer les levains. Il faut donc enfermer ses levains dans un lieu clos & propre.

De plus, il faut que le vase, où sont contenus les levains, soit toujours bien couvert, par la même raison.

Enfin, il se forme naturellement une croûte sur les levains ; cette croûte est plus dure que le levain de chef, & va toujours en s'amollissant à mesure qu'on fait des rafraîchis. Il ne faut jamais la casser ; car le levain s'évaporeroit, & il en mésarriveroit à la pâte & au pain.

Enfin, il ne faut ni manier, ni secouer les levains : des mouvements brusques & violents interrompent la fermentation.

Quand on rafraîchit un levain, si on vouloit le couper en plusieurs parties, il faut les jetter tout de suite dans l'eau, afin d'arrêter l'évaporation.

Regle générale : pour faire de bon pain, il faut ménager ses levains de maniere que depuis le levain de chef jusqu'au levain de tout point, il y ait toujours une fermentation entretenue, qui devienne plus douce, à chaque rafraîchi.

N°. IX.

Des Levains artificiels.

On se sert beaucoup à Paris du levain de bierre, qu'on appelle la levure; il y en a de deux sortes, l'une liquide, & l'autre seche.

La levure liquide est l'écume que jette la bierre lorsqu'elle vient d'être versée dans le tonneau, & qu'elle fermente.

Quand on veut la conserver, on la presse dans un sac de toile, ce qui la réduit en petites masses molles & seches.

La levure hâte plus la fermentation que les levains *ordinaires*, elle rend la pâte beaucoup plus facile à travailler; mais aussi risque-t-on davantage de rendre le pain aigre, amer ou visqueux à la bouche, si on ne sait pas en bien faire usage.

ARTICLE TROISIEME.

Du Pétrissage.

Quand on veut apprendre à faire de bon pain, il faut bien connoître les opérations suivantes, qui font de fraser, de contrefraser & de travailler la pâte.

N°. PREMIER.

L'opération de bien Fraser.

Quand on veut pétrir, on forme dans le pétrin ce qu'on appelle la fontaine, c'est-à-dire qu'on amoncelle toute la farine à la droite (de la hûche ou de la maye) & qu'on laisse vuide environ le tiers de ce pétrin du côté gauche : on fait un petit rempart de farine pressée qui sépare l'espace vuide d'avec le tas de farine : c'est là ce qu'on appelle la fontaine.

On prend alors le tiers de l'eau qu'on doit employer ; on ne la verse ni froide ni chaude, mais tiede, dans la fontaine ; dans cette eau, on délaie bien le levain de tout point.

Observez que c'est une opération très

importante que de bien délayer ce levain, enforte qu'il n'en refte pas le moindre gruau, mais que le tout foit bien liquide.

Quand le levain eft bien délayé, on ouvre la fontaine, & l'on met dans le levain délayé d'abord les deux tiers du monceau de farine & les deux tiers de l'eau qui refte, en obfervant de mêler légérement la farine & l'eau, fans former de pâtons, ni grumeaux, ou marons, comme difent les Boulangers.

Quand on a bien mêlé ces deux tiers du monceau de farine, on prend pour la feconde fois les deux tiers encore de ce qui en refte, ainfi que les deux tiers de l'eau, & on les mêle encore bien en pétriffant avec légéreté, enforte qu'il n'y ait ni pâtons, ni grumeaux.

Enfin, on ajoute dans une troifieme fois tout ce qui refte de farine & d'eau, en mêlant bien & fans marons.

Ces trois tours forment ce qu'on appelle la frafe.

On voit, que d'abord le levain de tout

point délayé dans l'eau fait un liquide, &
que la pâte devient à chaque tour plus
féche & plus ferme.

N°. II.

L'opération de bien Contre-frafer.

On contrefrafe plus promptement
qu'on ne frafe, c'eft-à-dire, qu'il faut
augmenter de vivacité pour cette opération; contrefrafer, c'eft divifer toute
la pâte, qui ne forme qu'une feule maffe
après la frafe, en plufieurs petites parties; puis, en l'élevant en pâtons qu'on
jette d'un bout du pétrin à l'autre les uns
fur les autres, on la découpe en y enfonçant les mains ouvertes, & non en y
enfonçant les mains fermées.

La contrefrafe doit toujours fe faire
fans ajouter de farine, ou à clair, comme difent les Boulangers,

N°. III.

L'opération de bien travailler la Pâte,

On appelle battre ou travailler la pâte,
l'opération de la prendre par les bords,

de la plier fur elle-même, de la preffer, de l'étendre, de la découper avec les mains ouvertes, & de la couper par gros pâtons d'un bout du pétrin à l'autre : cette opération doit fe faire avec le plus de force & de promptitude poffible.

C'eft fur-tout dans cette opération que la force & l'adreffe du Boulanger font néceffaires : c'eft de là que dépend la légéreté du pain.

De là vient que les fervantes trop foibles qu'on emploie fouvent à la boulangerie dans les Campagnes font de mauvais pain , foit que leur foibleffe vienne de l'âge , foit qu'elles foient trop délicates : plus le Boulanger eft fort , vif & adroit , mieux le pain vaut.

Pour connoître fi la pâte eft bien travaillée , il faut qu'elle foit uniforme , c'eft-à-dire, égale par-tout , & qu'elle ne prenne point aux mains ; c'eft alors qu'elle eft bien , quand le pétriffeur a les mains nettes en la maniant : on doit donner au pain de ménage trois ou quatre tours de travail , fuivant la farine.

Nº. I V.

Observations essentielles.

Il faut observer à chaque fois qu'on opere, ou comme on dit, en termes de boulangerie, à chaque tour qu'on donne à la pâte, de racler le tour du pétrin, pour ôter tout ce qui s'y attache, & pour le bien délayer, & incorporèr dans la masse de la pâte, de maniere qu'il soit uniforme, ou semblable à tout le reste ; c'est un premier article très important ; quand on n'y fait pas attention, il en résulte des grumeaux de pâte qui restent dans le pain, & y font l'effet le plus désagréable.

Une seconde observation, c'est que le travail dépend beaucoup des saisons : quand il fait froid, il vaut mieux mettre plus de levain, & battre un peu moins : en été c'est tout le contraire, il faut moins de levain & plus de travail.

L'expérience raisonnée apprendra bientôt les causes qui font le bon ou le mauvais pain, soit aux Boulangers ou Boulangeres, ſoit aux Maîtres qui doivent les diriger.

N°. V.

De l'eau qu'on emploie dans le pain:

On ne doit boulanger qu'avec de l'eau bonne à boire ; l'eau de la riviere eſt la meilleure, celle des puits eſt très bonne quand on y puiſe ſouvent ; les eaux de neige & de glace ne valent rien ; les eaux croupiſſantes gâtent le pain ; l'eau de pluie eſt ſouvent mauvaiſe, ſur-tout l'été ou l'automne : ceci regarde la bonté & la pureté de l'eau.

Quant à ſa température, il faut commencer à rafraîchir la premiere fois le levain de chef avec de l'eau bien tiede, & aller toujours en adouciſſant juſqu'au levain de tout point, & prendre l'eau encore moins tiede pour pétrir ; en été, il ſuffit qu'elle ne ſoit pas froide ; en hyver, il faut la faire dégourdir : l'expérience apprendra très bien quand l'eau eſt à ſon point, c'eſt la main du Boulanger qui en décidera.

Les

Les curieux qui veulent faire des expériences au thermometre , fauront quelle
eft la température naturelle de l'eau tirée & repofée dans le fceau : en été ,
c'eft vers le trentieme dégré ; & cette
température lui convient pour pêtrir
le printemps & l'automne ; mais en hi-
ver , il la faut plus tiede.

Enfin l'article le plus effentiel, c'eft
la proportion de la farine avec l'eau.
Rien n'eft plus variable ; c'eft là-deffus
qu'influent le plus le terroir , le climat ,
les années , les faifons & le mouture.

Il y a des farines qui boivent en eau
précifément les trois quarts de leur poids ;
enforte qu'avec feize onces de farine ,
vous ajoutez douze onces d'eau , & vous
formez environ vingt-huit onces de pâte.

Il y a auffi des farines qui ne boivent
que la moitié de leur poids ; enforte
qu'avec feize onces de farines , vous ne
pouvez ajouter que huit onces d'eau , &
ne faire qu'environ vingt-quatre onces
de pâte.

Les premieres font de la meilleure

L

espece; les secondes font de la mauvaise.
D'où il réfulte que le calcul mitoyen eft
les deux tiers; par ce moyen, fur
quinze onces de farines on met dix onces
d'eau.

Le boiffeau commun de farine étant
d'environ douze livres, on doit y mettre
environ huit livres d'eau. C'eft au Boulanger à connoître par expérience fa farine & fon eau, & à décider combien il
peut en ajouter ou en retrancher; mais
la regle commune qui doit fervir de bafe
à fes obfervations eft huit pour douze,
ou les deux tiers.

Ceci regarde le pain blanc de pâte
ferme feulement, fabriqué avec la farine
de bled, qui eft celle de toutes qui prend
moins d'eau; car les premiers & feconds
gruaux prennent beaucoup plus d'eau,
fur tout quand ils font moulus à la bonne
mouture économique.

Les gruaux bis de la mouture économique pour le commerce boivent auffi
plus d'eau.

Enfin la farine à faire pain de ménage,

où tout eſt mêlé, ſans rien ôter que le ſon & les recoupes, boit encore plus d'eau, & fait plus de pain.

N°. V I.

Expériences du ſieur Bricoteau.

Pluſieurs épreuves du ſieur Bricoteau, Chef & Directeur de la Boulangerie de Scipion (très habile dans ſon art, très zélé pour la perfection de cet art & pour le bien public qui en réſulteroit), peuvent donner une idée de l'eau qui entre dans la compoſition de la pâte, ſuivant les diverſes farines, & du produit en pain.

Premiere expérience.

Du 10 Septembre 1766.

On a peſé douze livres huit onces de chaque eſpece de farine.

1°. La farine blanche a pris quatre pintes & un poiſſon d'eau, peſant ſept livres huit onces.

Elle a donné en petits pains d'une liv. un quart, ſeize livres de pain.

En gros pains de cinq livres, ſeize

L ij

livres treize onces ; parceque les petits pains perdent plus à la cuiſſon, comme nous dirons plus bas.

2°. La ſeconde farine a pris quatre pintes & demi d'eau, peſant ſept livres onze onces.

Elle a produit en petits pains dix-ſept livres deux onces; en gros pains, dix ſept livres dix onces.

3°. La troiſieme farine a bu cinq pintes d'eau, peſant neuf livres deux onces.

Elle a donné, en petits pains, dix-ſept livres douze onces ; en gros pains de ſix livres chaque, dix-huit livres quatre onces.

4°. On a mélangé toutes les farines enſemble, ce qui fait le pain de ménage.

Les douze livres huit onces de farines, ainſi mêlées, ont bu quatre pintes trois quarts d'eau, peſant huit liv. cinq onces.

Elles ont produit, en petits pains, dix-ſept livres ſix onces; en gros pains, dix-ſept livres quatorze onces.

Seconde Expérience.

Du 8 Avril 1767,

On a pesé douze livres huit onces de diverses farines.

1°. Farine blanche, qui a bu quatre pintes & un poisson d'eau, pesant sept livres huit onces, & qui a produit, en petits pains seize livres cinq onces ; en gros pains de cinq livres, dix-sept livres une once.

2°. Farine seconde, qui a bu sept livres quatre onces d'eau, & qui a produit, en petits pains, seize livres dix onces; en gros pains, dix-huit livres deux onces.

3°. Farine troisieme, qui a bu huit livres cinq onces d'eau, & a produit, en petits pains, dix-sept livres dix onces, en gros pains, dix-huit livres deux onces.

4°. On a mêlé toutes les farines, & douze livres huit onces de ce mélange ont bu sept livres onze onces d'eau.

Elles ont produit du pain de ménage, en petits pains, dix-sept liv. quatre onces ; en gros pains, dix-fept livres douze onces.

.Troifieme Expérience.

Du 15 Octobre 1767.

On a pefé pareillement douze livres huit onces de farines de diverfes efpeces.

1°. Farine blanche, qui a bu fept liv. huit onces d'eau ; elle a rendu, en petits pains, feize livres neuf onces ; en gros pains, dix fept livres cinq onces.

2°. Farine feconde, qui a bu fept livres onze onces d'eau ; elle a produit, en petits pains, feize livres quatorze onces ; en gros pains, dix-fept livres fix onces.

3°. Farine troifieme, elle a bu neuf livres deux onces d'eau ; elle a produit, en petits pains, dix huit livres quatre onces.

4°. En mêlant, pour pain de ménage, les douze livres huit onces ont bu huit livres trois onces.

Ils ont produit en petits pains, dix-fept livres quatre onces; en gros pains; dix-huit livres.

C'eft aux Boulangers à tenter, par de femblables effais, la nature des farines qu'ils emploient, & fur tout à ● procu-rer l'expérience pour s'y bien connoître.

N°. V I I.

Réfultat important.

Cette obfervation effentielle de l'eau qui fe mêle aux farines dans la compofi-tion du pain, montre encore mieux que toute autre combien il feroit important d'établir & de confirmer dans tout le Royaume le libre commerce des farines.

Les Marchands affortiroient ces fari-nes, ils combineroient enfemble celles de diverfes récoltes & de divers terri-toires, de maniere à procurer un bon produit en pain. Les Acheteurs les re-connoîtroient par un effai en petit, fort fimple & fort aifé à pratiquer.

Il ne s'agiroit que de prendre douze on-ces & demi de la farine qu'on fe propoferoit d'acheter , & de voir combien elle boiroit d'eau en faifant une bonne pâte. Si elle buvoit moins de huit onces, elle feroit très inférieure ; au-deſſus de neuf elle feroit d'une très bonne qualité.

Nous avons fait remarquer dans le fecond Chapitre , que l'odeur , le goût & la couleur des farines ainfi effayées en les pétriſſant en petit , indiquoient beaucoup mieux leurs bonnes ou mauvai-fes qualités.

Nº. VIII.

Du Sel dans le Pain.

Dans plufieurs Provinces , on a la faci-lité de mettre un peu de fel dans le pain ; il en eft bien plus agréable au goût , & d'ailleurs il y a du profit pour la quantité , parceque le fel incorporé à la pâte , y fait entrer beaucoup plus d'eau.

C'eft ce mélange de fel , joint à la qualité des bleds plus fecs & plus durs dans les Provinces méridionales , qui fait qu'on y retire d'une même mefure de grain , plus de pain que dans les pays fep-tentrionaux.

Il ne faut pas mettre trop de sel dans la pâte, comme on fait quelquefois, il en résulteroit plusieurs inconvénients.

La meilleure méthode d'employer le sel est de le faire fondre dans l'eau avec laquelle on fait la derniere frase, ou dans celle qui sert à bassiner la pâte.

N°. I X.

Quand & comment il faut bassiner la pâte.

Quelquefois il arrive qu'en faisant la contrefrase ou le travail de la pâte, elle devient trop ferme, parceque la farine boit plus d'eau qu'on ne l'avoit cru aux essais, ou même aux fournées précédentes faites de la même maniere.

On remédie à cet inconvénient par un petit bassinage, c'est-à-dire, en arrosant la pâte avec un peu d'eau qu'on y incorpore par le travail.

Dans les pays où le sel n'est pas cher, & par-tout dans les Châteaux ou Maisons bourgeoises, on devroit jetter un peu de sel dans l'eau avec laquelle on bassine ; c'est une petite dépense pour les person

L v

nes aifées, & le pain en eft beaucoup meilleur.

Nº. X.

De la maniere de pétrir provifoirement les gruaux, en attendant la bonne mouture économique à la Lyonnoife.

Nous avons dit que dans les Provinces où l'on ne fait moudre qu'à la façon ruftique, il falloit faffer d'abord dans un fas fin; pour avoir la premiere farine, puis reffaffer dans un fecond moins fin, pour avoir une feconde farine qu'on appelle les gruaux, parcequ'elle eft plus groffe.

L'effentiel eft de ne pas les mêler; mais de ranger la fleur de farine à gauche dans le pétrin, où l'on en fait un tas : on laiffe vuide un tiers de ce petrin, au milieu. (C'eft là où l'on fera le levain de tout point; c'eft auffi là qu'on le délaiera & qu'on fera la frafe).

A la droite du pétrin, on prendra le dernier tiers, on y fera une fontaine, ou rempart de farine preffée, huit heures avant de pétrir, c'eft-à-dire cinq heures avant de faire fon levain de tout point.

Dans cette fontaine on mettra fes gruaux, & on y verfera de l'eau plus que tiede, affez pour les couvrir ; on les y laiffera tremper environ huit heures.

C'eft-à-dire, par exemple, que fi on veut pétrir à quatre heures du foir, il faut mettre tremper fes gruaux à huit heures du matin, & faire le levain de tout point à une heure après midi.

Ce n'eft pas avec les gruaux qu'on fait le levain de tout point, c'eft avec la premiere farine.

Trois heures après qu'on a fait le levain de tout point, on pétrit, en mêlant, à chaque tour de la frafe, les gruaux qui font à la droite, avec la premiere farine qui eft à la gauche.

Comme la bonne méthode eft de frafer à trois fois, fuivant que nous l'avons indiqué ci-deffus, les gruaux font bien mêlés.

En pétriffant ainfi, on peut être affuré d'avoir du pain beaucoup meilleur,

L vj

plus léger, plus nourriſſant, & en beaucoup plus grande quantité.

Nº. XI.

Exhortations aux perſonnes inſtruites & charitables.

Les ames honnêtes & ſenſibles doivent prendre plaiſir à tout ce qui peut ſoulager le pauvre Peuple, ſur-tout quand il n'en coûte que quelques attentions.

En conſéquence, nous exhortons les Seigneurs & les Dames de Paroiſſe, les Curés, les Eccléſiaſtiques, les Magiſtrats & les Bourgeois, à faire des épreuves de cette méthode de re-ſaſſer à deux fois, & de pétrir après avoir fait tremper huit heures les gruaux ; nous les aſſurons qu'ils s'en trouveront bien & très bien.

Quand ils ſeront convaincus par l'expérience, il leur faudra convaincre & perſuader le Peuple qui eſt à leur portée. On croit, trop ſouvent, que c'eſt choſe difficile ou mal aiſée ; il ne faut pour cela que de la patience, de la bonté, & un peu d'adresse : on en met tant pour faire mal, pourquoi n'en pas mettre pour faire le bien ?

Il ne faut donc se rebuter ni du mauvais succès des premieres tentatives, ni de l'entêtement des bonnes gens, sur-tout à la campagne. Il faut attendre, patienter, & toujours instruire, & toujours donner l'exemple.

Ce supplément provisoire sera une très bonne épargne au pauvre Peuple sur la quantité & la qualité de son pain, deux choses très essentielles.

ARTICLE QUATRIEME.

De l'Apprêt & de la Cuisson du Pain.

N°. PREMIER.

Mettre en couche & en pain.

Quand on a bien frasé, contrefrasé & travaillé sa pâte, on jette dessus légerement un peu de farine, & on la laisse reposer pendant une heure & demie, plus ou moins, selon qu'il fait chaud ou froid.

C'eſt-à-dire plus en temps froid, &
moins en temps chaud. On appelle cette
opération, laiſſer ſa pâte en couche. Il
faut la tenir cloſe & couverte.

Quand elle a été une heure & demie
environ dans cet état, on peut la parta-
ger en pains de diverſes groſſeurs, ſuivant qu'on veut les employer : on met
chacun de ces pains dans des pannetons
d'oſier, ou dans des cébiles de bois.

On les tient encore une heure & demie ou deux, bien clos & couverts,
après lequel temps il faut les mettre au
four.

N°. I I.

De la peſée des Pains en pâte.

Par la raiſon que les pains s'évaporent
par la cuiſſon, il faut peſer plus de pâte
qu'on ne veut donner de poids à ſon pain.
Voici les portions les plus uſitées : elles
ſont fondées ſur l'expérience journaliere
des Boulangers les plus experts.

Pour avoir un pain cuit d'une livre,
il faut peſer une livre & cinq onces de
pâte.

Pour avoir un pain cuit de deux livres, il faut pefer deux livres fept onces.

Pour avoir un pain cuit de trois livres, il faut pefer trois livres neuf onces.

Pour avoir un pain cuit de cinq li-vres, on prend quatre livres dix à onze onces.

Pour avoir un pain cuit de quatre liv. il faut pefer cinq livres douze onces.

Pour avoir un pain cuit de huit livres, il faut pefer neuf livres de pâte.

Enfin, pour avoir un pain cuit de dou-ze livres, on pefe treize livres & demie de pâte.

N°. I I I.

Conféquences à tirer des regles de la Pefée.

Ces regles pratiques, appuyées fur l'expérience univerfelle & journaliere des Boulangers, prouvent que les pains per-dent à la cuiffon, à proportion de leur petit volume.

Dans un pain de huit livres, par exem-ple, il n'y a que deux onces de déchet, ou d'évaporation au four par chaque livre de pain cuit ; au contraire, dans un pain d'une livre feule, il y en a cinq.

Nous reviendrons fur cette obfervation, quand il faudra traiter du Commerce du pain ; car il eft aifé de fentir que le prix des petits pains eft néceffairement plus grand, toutes chofes égales d'ailleurs, que celui des gros pains.

Tout ce que nous voulons remarquer ici, c'eft que l'ufage introduit dans les grandes Villes des Provinces & dans Paris, de ne faire que des pains de quatre livres, n'eft pas économique pour le prix de ces pains.

Des pains de huit à neuf livres, tels qu'on les fait à la campagne, reviendroient à meilleur marché, on en auroit deux de ce poids, en bon pain de ménage, pour chaque boiffeau de farine, pefant de douze à treize livres de farine.

Une raifon fans doute a empêché jufqu'ici le Peuple des grandes Villes, de s'approvifionner en pains de plus de quatre livres ; c'eft que le pain blanc de pâte ferme, composé de farines de bled, & les pains bis de troisieme & quatrieme gruaux seulement, ne se gardent pas assez long-temps frais, & qu'il faudroit une nombreuse famille pour manger huit à neuf livres de pain en deux ou trois jours.

Mais le pain de ménage bien fait, aura cette propriété de se bien conserver, & d'être mangeable plus long-temps après la cuisson, que les autres pains usités à Paris.

En conséquence, nous voudrions qu'on s'en tînt, pour le pain de ménage, aux pains de six livres, qui sont dans une très bonne proportion.

N°. IV.

Des Fours à cuire le Pain.

Tout le monde connoît la forme des Fours ; mais tous ceux même qui se mêlent d'en construire & d'en faire usage, ne savent pas leur donner de bonnes proportions.

L'âtre du four, ou le pavé sur lequel on

met les pains, se fait ou de terre glaise, ou de carreaux ou de briques, ou de pierres; la meilleure de toutes les manieres, qu'on peut usiter par-tout, c'est de paver de briques. Elles durent plus que la terre & le simple carreau; elles prennent mieux la chaleur, & n'en prennent pas trop, au point que le font ordinairement les pierres.

La chapelle du four est la voûte qui couvre l'âtre. Le défaut ordinaire des gens de campagne est de faire cette chapelle trop haute; ce qui consume beaucoup plus de bois qu'il ne faudroit, ou empêche le pain de bien cuire.

Les proportions d'un bon four pour cuire un septier de bled en pain de ménage, sont, neuf pieds de diametre, & douze pouces d'élévation dans sa plus grande hauteur. L'âtre de ce four doit être en rond, & la chapelle en hémisphere applatie.

On pratique à la chapelle deux ou trois ouvertures ou cheminées, qu'on appelle *varas*; ce sont des ventouses. Par-là

 s'échappe la fumée, ce qui est très nécessaire, sur-tout quand on brûle du bois
verd ou humide ; par-là on peut réfroidir le four, si on s'apperçoit qu'il soit
trop chaud, quand on y a placé le pain.

Le dessous du four a son usage que tout
le monde sait ; mais le dessus peut avoir
une utilité que nous allons indiquer.

Nº. V.

*Comment on peut employer le dessus du
Four d'une maniere très avantageuse au
bien public.*

C'est un excellent Citoyen qui nous a
communiqué cette idée, M. le Baron
d'Espagnac de Puimarêts, qui porte par-
tout l'œil d'un Philosophe économique,
& qui passe sa vie à bien voir & à bien
faire.

L'Hôpital général de Brives, qui lui a
les plus grandes obligations, ne faisant
moudre que les grains du pays, c'est-à-
dire des seigles très humides & gras sous
la meule, on ne pouvoit parvenir à faire
de bonne mouture & de bon pain.

Les idées répandues dans le Public par un célebre Académicien, sur les étuves & sur la maniere d'y faire sécher les bleds, fit naître à M. de Puimarêts, celle d'étuver ainsi les seigles de l'Hôpital de Brives.

En conséquence, il fit égaliser & carreler en briques le dessus du four, il éleva les murailles de maniere à y faire une chambre de six pieds de haut, il fit prolonger les ouras du four dans cette chambre, par des tuyaux de poële, & de cette maniere il fit une excellente étuve.

L'opération consistoit à répandre sur le pavé le bled qu'on vouloit sécher, pendant que le pain cuisoit dans le four.

Le soin d'étuver les bleds afin de les conserver & les rendre plus propres à la mouture, étant très important pour le Commerce des grains & des farines, rien n'est plus simple que d'adapter aux grands fours publics, à ceux des grosses maisons ou des Boulangers très occupés, de pareilles étuves, qui ne coûtent presque rien ; les Particuliers & les Marchands

) traiteroient avec les Possesseurs des fours à étuves, & il ne peut en résulter que de très grands biens.

Les étuves proposées par M. Duhamel, & depuis par beaucoup d'autres, ont l'inconvénient d'être cheres à construire, de coûter de la manutention, & même d'entraîner quelques petits inconvénients.

Si le dessus de tous les grands fours bien employés devient étuve, les frais sont épargnés : le même homme peut très bien conduire l'une & l'autre opération, & il est douteux qu'on puisse trouver une meilleure méthode.

Les bleds étuvés sont préservés, par cette opération, de la fermentation intérieure qui les altere souvent, & des infectes qui les détruisent.

Mais il y a une observation importante; c'est qu'il faut laisser mûrir le grain dans la paille avant de le battre. Si on veut l'étuver aussi-tôt, sur-tout dans les Pays septentrionaux, il seroit fort à craindre qu'on n'altérât sa qualité, si on

le battoit avant la mi-Décembre, pour le
paſſer ſur-le-champ à l'étuve.

N°. V I.

Attentions pour bien cuire le Pain.

Il faut de l'expérience pour bien chauffer le four, pour y ranger adroitement les
pains, pour les y placer proprement,
pour ne cuire ni trop, ni trop peu, &
pour tirer à propos les divers pains qu'on
y a mis. C'eſt tout ce qu'on peut dire
en général : l'expérience apprendra le
reſte.

Voici, dit-on, une bonne épreuve
pour ſavoir ſi le four eſt aſſez chaud : met-
tez à l'entrée une pincée de farine ; ſi elle
rouſſit ſur le-champ, le four eſt bien ; ſi
elle noircit, le four eſt trop chaud ; ſi elle
reſte blanche, il ne l'eſt pas aſſez.

Souvent on n'eſt pas le maître de la
matiere avec laquelle on chauffe le four ;
les plus légeres ont l'inconvénient d'em-
braſer la chapelle, mais de ne pas aſſez
chauffer l'âtre ; les gros bois font le contraire ; ils embraſent l'âtre, & laiſſent

la chapelle trop froide. Il faut avoir attention à ménager le plus qu'on peut
l'égalité par-tout.

Les pains blancs & de petit volume
cuisent plutôt, à feu égal ; les pains bis
& de gros volume, cuisent plus tard ;
tout le monde le sait.

Il y a une petite observation très-utile
à recommander ; c'est que la porte de
l'endroit où l'on cuit le pain ne soit pas
en face de la bouche du four ; elle le
réfroidiroit, coûteroit beaucoup de bois
& feroit quelquefois manquer la cuisson.

Nº. V I I.

Attention très nécessaire pour le pain qui
vient d'être tiré du four.

Il y a une précaution de la plus grande
importance à prendre, quand le pain
vient d'être tiré du four ; c'est de ne pas
l'exposer brusquement à l'air froid ; il
faut que le pain réfroidisse peu à peu dans
un lieu sec & tempéré.

Il faut poser les pains sur une planche
bien seche & bien propre, sur le côté

& non à plat, les uns à côté des autres ;
sans cette précaution, on risque de gâter
le pain le mieux fait.

N°. V I I I.
Conclusion générale.

L'art de faire de bons pains consiste
en plusieurs petites attentions qui de-
mandent un soin habituel ; mais il ne
faut que l'envie de bien faire avec un
peu d'adresse, pour y réussir parfaitement.

Les Maîtres & les Maîtresses de mai-
son, qui veulent avoir à la campagne de
bon pain de ménage, doivent veiller,
premierement, à ce que la boulangerie
soit toujours tenue très propre. Secondement, à ce que les levains soient rafraîchis à propos, depuis une fournée jusqu'à
l'autre. Troisiémement, à ce que le levain de tout point soit bien fait & au
temps couvenable.

Ils doivent exiger de l'adresse, de la
vivacité & de la force dans le Boulanger,
ou la Bonlangere ; qu'ils sachent bien
éprouver leurs farines, qu'ils aient le tact
pour leur eau, & connoissent leur four.

CHAPITRE

CHAPITRE II.

Du Commerce du Pain.

Nous avons quatre points importants à traiter dans ce Chapitre, premiérement, les Fours bannaux ; secondement, le Privilege exclusif des Boulangers en titre ; troisiémement, les Ordonnances sur la qualité des Pains ; quatriémement, la Taxe des Pains.

ARTICLE PREMIER.

Des Fours Bannaux, & des Fours publics sans bannalité.

N°. PREMIER.

Des Fours bannaux.

Le four bannal appartient à un Seigneur qui a droit de contraindre tous les habitants de sa terre, ou de son fief, à venir cuire leur pain dans ce four, en payant un droit fixé par les titres ou par l'usage.

M

Le four bannal n'a pas les mêmes inconvénients, ni la même injustice que le
moulin bannal ; il n'y a nulle raison pour
colorer la bannalité des moulins ; il y en
a pour celle des fours , & les voici.

Premiérement , une famille peu nom-
breufe ne confomme que quelques livres
de pain par jour ; elle ne peut donc cuire
que très peu à la fois. Il lui en coûteroit à proportion beaucoup plus pour le
bois.

Un four de neuf pieds contiendra un
feptier en pain de ménage , produifant
à peu près deux cents foixante livres de
pain. Quelle eft la famille qui confomme
cette quantité ? Si vous la divifez en fix
petites fournées , il faudra beaucoup &
immenfément plus de frais pour ces
fix petites que pour une grande.

Secondement, à confommation , &
par confequent à fournée égale , il faut
bien moins de bois pour entretenir un
four qui eft continuellement en exercice,
que pour en échauffer un qui ne travaille
qu'une ou deux fois par femaine.

Il y a donc deux épargnes très considérables aux grands fours publics qui font plusieurs fournées de suite, & qui cuisent à meilleur marché.

D'ailleurs, un seul homme qui conduit sans cesse un ou plusieurs fours dans le même fournil, acquiert une grande expérience.

Nᵒ. II.

Inconvénients de la bannalité des Fours.

Les seuls inconvénients de la bannalité des fours sont, premiérement, d'être une servitude, reste de l'ancien droit féodal ; moins mauvais peut-être que le droit fiscal ; mais sûrement inférieur au droit de la pleine franchise, que la Loi naturelle & l'Ordre social ne cesseront jamais de reclamer.

Secondement, c'est que le Fermier du four bannal n'ayant point de concurrent, & se sentant armé du droit de contraindre, fait à sa guise, & qu'il peut causer au pauvre Peuple de très grands préjudices, par mauvaise foi, par caprice, par

mal-adreſſe , par ſa négligence , par ſa
mal-propreté , & par d'autres raiſons ſem-
blables.

Ce Fermier ne peut être retenu que
par la Juſtice réglée , quand il a une fois
un bail : or , quelles formes , quels détails , quels frais pour l'avoir cette juſtice ? Le pauvre Peuple des campagnes
ſait-il comment il faut s'y prendre pour
l'obtenir ? Le peut il ? Le voudra-t-il ,
inſtruit par une trop longue & trop
malheureuſe expérience des peines , des
dangers , des difficultés & des dépenſes?
Non : il ſouffre , & c'eſt évidemment le
parti le plus ſage pour lui.

Plus on y regardera de près , dans ces
objets de détails , plus on verra quel mal
ont fait au Royaume , ſous les derniers
Regnes , les Citadins des grandes Villes
qui ont voulu ſe mêler de ce qu'ils appellent Légiſlation. Ils ont cru opérer
des merveilles en attirant à la Juſtice for-
maliſte & contentieuſe , même tout ce
qui regarde les premiers beſoins journa-
liers du pauvre peuple ; ils n'ont pas ſenti

que leurs procédures & leurs dégrés de Jurifdictions ne permettoient qu'aux riches, qui ont du temps & de l'argent à perdre, d'obtenir juftice. Ils n'avoient fous les yeux que des gens de cette efpece dans les grandes Villes où ils ont fait toutes leurs belles fpéculations.

Mais ils auroient dû penfer que ce font précifément ces gens là qui ont moins befoin de juftice fur les affaires du plus petit détail, parcequ'un écu de plus ou de moins n'eft rien pour eux : mais c'eft tout pour le pauvre qui n'a que cet écu ; & fi on le lui vole par des manœuvres, il n'a plus le moyen, ni le temps de pourfuivre celui qui l'en a dépouillé.

En appliquant ce principe général de fpéculation à l'article des fours bannaux, on fent quel eft le danger attaché au droit de contrainte & de privilege exclufif ; le Fermier peut en abufer au grand préjudice du pauvre Peuple ; & il eft peu probable qu'on puiffe en obtenir prompte juftice.

N°. III.

Utilité des fours publics sans bannalité.

De ces deux considérations réunies , il résulte que la meilleure des institutions seroit celle des fours publics sans bannalité , c'est-à-dire sans privilege exclusif, & sans droit de contraindre.

Ces fours publics épargneroient les frais , & procureroient l'avantage du Peuple ; leur police seroit (à la contrainte près) tout à fait semblable à celle des fours bannaux.

Dans plusieurs Villes grandes ou petites , les Boulangers font l'office de ces fours publics, en recevant la pâte des femmes qui pétrissent chez elles , & la faisant cuire pour une rétribution très modique.

Cer usage est assez bon ; mais peut-être moins que celui des fours publics qu'on pourroit établir dans les Fauxbourgs de Paris , & dans les Villes de Province , à l'usage des Particuliers qui voudroient faire eux-mêmes, chez eux, le pain de ménage.

La plupart n'auroient besoin pour cela que de deux choses ; savoir, premiérement, de trouver chez les Marchands de la farine toute prête à faire de bon pain de ménage. Nous parlerons tout-à-l'heure de cette commodité. La seconde, d'avoir des fours publics en assez grand nombre, libres & bien tenus. Au moyen de cette liberté, d'où naîtroit la concurrence, le pain ne seroit jamais trop cher, relativement au prix du bled.

Dans les grandes Villes, un seul homme pourroit conduire au moins deux fours qui se toucheroient, & qu'on tiendroit sans cesse en exercice. Le dessus de ces fours seroit une grande & belle étuve pour les bleds, & même pour les farines ; car on peut aussi étuver la farine, avec une grande utilité, en pareil cas.

Nº. I V.

Deux Conclusions pratiques.

Pour tirer une utilité de ces réflexions, nous croyons, 1º. que tous les Seigneurs qui ont des fours bannaux, & qui se piquent de patriotisme & de générosité, pourroient faire beaucoup de biens dans les gros Villages, s'ils vouloient établir deux ou trois fours au lieu d'un seul, & laisser leurs gens libres de cuire à celui qui leur plairoit ; s'il y a des Boulangers dans le lieu, ce qui est ordinaire dans les Bourgs considérables, le plus simple seroit de leur permettre de recevoir à cuisson.

2º. Que les Administrateurs des grandes Villes, où le Peuple n'a pas cette commodité, feroient très bien de la leur procurer ; c'est le meilleur moyen de forcer les Boulangers à se réduire au plus juste prix, pour leurs façons.

Nous insistons pour qu'on ne sépare point cette idée de celle qui doit servir de base à toutes les autres ; c'est-à-dire

du Commerce absolument libre des farines assorties & toutes prêtes à faire
bonne qualité & bonne quantité de pains
de toute espece.

ARTICLE SECOND.

Du Privilege exclusif des Boulangers en titre.

N°. PREMIER.

Examen du Privilege exclusif.

C'est dans les temps d'ignorance & de barbarie qu'ont pris naissance les privileges exclusifs. En vain certains esprits systématiques ont voulu couvrir ces institutions de quelques prétextes plausibles ; plus les hommes s'éclairent sur les principes du droit naturel & de la politique, plus on sent l'injustice & l'absurdité de ces privileges.

Quand une grande Nation est toute divisée en Despotes arbitraires, & en Esclaves, comme l'étoit la nôtre dans les premiers temps du droit féodal, & com-

me le font encore quelques autres ; le
ferf attaché à la glebe , ne peut, fans le
congé de fon Seigneur , quitter la bêche
pour exercer une autre profeſſion ; c'eſt
de là qu'eſt venue chez nous la premiere
idée des privileges , permiſſions ou maî-
trifes.

Les Regnes de Henri II, de Charles
IX & de Henri III, qui feront à jamais
regardés dans notre Hiſtoire comme la lie
des fiecles de notre Monarchie, virent
éclore une foule de réglemens ridicules
& funeſtes , la plupart puiſés, par le pé-
dantiſme, dans les prétendues Loix des
Empereurs Romains du dernier âge, les
plus imbéciles & les plus atroces des Sou-
verains qui aient jamais défolé la pauvre
humanité.

C'eſt alors qu'on mit dans tout fon
jour le fyſtême des privileges excluſifs
& des Ouvriers titrés ; c'eſt alors qu'on
l'appuya fur ce prétendu principe fiſcal ,
que le droit de travailler eſt un droit
royal ; maxime abfurde en fpéculation &
deſtructive dans la pratique ; la plus

» odieufe aux ames honnêtes qu'ait jamais
i inventé l'efprit de domination & de ra-
pine. La raifon dit, au contraire, que
travailler de fon mieux eft le devoir de
tous; que profiter du fruit de fon travail
eft le droit de tous ; que protéger les travaux, & garantir à chacun le fruit de fes
peines, c'eft le devoir & le travail des
Princes, & que leur droit eft de recueillir auffi eux-mêmes le fruit de ce travail,
en recevant une portion des richeffes annuellement renaiffantes & difponibles de
la Nation.

Quand on juge d'après ces vrais principes de l'ordre naturel, tous les privileges exclufifs quelconques, & le fondement général fur lequel ils font appuyés
par la fifcalité moderne, on n'en fent
que trop le vice radical & les effets dé-
faftreux.

Il eft fingulier que les objets de premier
befoin qui méritoient le plus d'être ref-
pectés, aient été les premiers envahis par
la cupidité ufurpatrice ; c'eft leur néceffité continuelle & leur généralité qui les

ont soumis aux premiers des privileges exclusifs.

Le Commerce du pain, des farines & des bleds, celui des viandes & des boissons, fait la matiere des plus anciennes pancartes féodales : les Boulangers, les Meûniers, les Blatiers, les Bouchers, les Cabaretiers ont été presque par tout soumis à des réglements, à des prohibitions, à des privileges exclusifs, à des visites, à des formalités, à des droits, & à toutes les autres entraves ou exactions qui marchent à leur suite.

Il est fort singulier que le pain étant si nécessaire, sur tout au Peuple, on ait créé dans toutes les grandes Villes un Corps d'hommes ayant le privilege exclusif d'en vendre. Il est bien plus singulier encore que, dans les cas où le pain s'est trouvé très cher pour le Peuple des Villes, on s'en soit pris à toute autre espece de cause, & qu'on n'ait jamais pensé que l'érection d'un Corps de Boulangers en titre est évidemment & nécessairement une de celles qui contribuent au renchériffement du pain dans les Villes.

Car enfin, il en coûte du temps, des formalités, de l'argent, pour parvenir à la maîtrife; il y a des contributions, des dépenfes réglées & des faux frais accidentels, & il faut que le pain du Peuple paie toutes ces miferes avec l'intérêt.

D'ailleurs, toute incorporation étouffe la concurrence, de deux manieres : premiérement, dans une Communauté il y a du danger, une efpece de honte & une très grande difficulté à ne pas fuivre le taux général, & à ne pas s'entendre, comme on dit communément, pour l'intérêt général; il y a des Chefs de meute qui maîtrifent les autres, & leur donnent le ton; il y a mille petites reffources pour venger le Corps de ceux qui voudroient le trahir c'eft-à-dire mettre les falaires & les profits au rabais.

Secondement, les Ouvriers, fouvent les plus induftrieux, étant éloignés par le défaut de maîtrife, & nul Particulier quelconque ne pouvant faire le Commerce du pain, excepté les Privilégiés, il eſt indubitable que la concurrence & l'émulation ſont beaucoup moindres qu'elles ne pouvoient & devroient être.

Ces raiſons qui paroîtront, aux eſprits droits & aux ames honnêtes, des raiſons fort graves pour toute eſpece d'induſtrie & de commerce, le ſont bien davantage quand il s'agit du pain des pauvres Peuples; car enfin, le plus petit renchériſſement ſur cet objet eſt une ruine, la plus petite diminution eſt une fortune pour les malheureux.

Nº. II.

Premiere eſpece de reſtriction au Privilege excluſif des Boulangers.

Les Magiſtrats bien intentionnés, qui ſe ſont vus chargés du détail de la Police des grandes Villes, & qui ne pouvoient pas détruire les Corps & Communautés de Boulangers, créés ou confirmés avec tout l'appareil de la Légiſlation ſouveraine, ont cru trouver un remede en les laiſſant multiplier; il eſt en effet tout naturel d'imaginer que le grand nombre des Privilégiés va détruifant l'effet du privilege exclufif, en ramenant la concurrence, qui procure le meilleur marché poffible, & qui excite l'émulation de mieux faire.

Cependant, comme jamais un mauvais arbre ne peut produire de bons fruits, il s'eft trouvé des inconvénients à cette multiplication même, & les voici.

Tout métier doit faire vivre fon homme, voilà le principe : en conféquence, à mefure que les Boulangers titrés fe font multipliés, & qu'ils fe font partagés les pratiques des Villes, il a été indifpenfablement néceffaire d'augmenter les frais, c'eft-à-dire de renchérir le pain.

Suppofons que, dans une Ville, il fe confomme huit ou dix mille livres de pain chaque jour ; fi huit ou dix Boulangers faifoient ce commerce, il ne faudroit payer que les frais indifpenfables du pain ; & de plus, l'honnête entretien de huit ou dix familles.

S'il y a trente ou quarante Boulangers,

il faudra l'entretien de trente familles, moindre peut-être pour chacune que celui des huit ou dix autres, mais beaucoup plus fort en somme ; & il faudra plus de frais, parceque toute grande fabrique, bien montée, exige beaucoup moins de dépense, & rend plus de produit net.

Qu'arrive t-il donc de la multiplication des Boulangers titrés? que les frais sont très multipliés, & cependant que chaque famille de ces Privilégiés n'est pas dans l'opulence.

C'est de là que viennent deux idées contraires, fondées l'une & l'autre sur des observations très vraies. Les uns disent, le pain est trop cher relativement au prix du bled, & ils le prouvent très bien, par le détail des frais pris d'après un Boulanger bien aisé. Les autres répondent, il n'est pas trop cher, & ils le prouvent en montrant ce qui est vrai, que peu de Boulangers sont riches, qu'un grand nombre tombent en pauvreté, & que le commun atteint à peine l'état de médiocrité.

Le grand nombre des Privilégiés donne la folution de cette difficulté. Par exemple, à ne compter que mille francs par tête l'un portant l'autre, pour loyer, contribution, nourriture, &c, la Ville que nous avons prife pour exemple, furchargée de quarante Boulangers titrés, furpayera quarante mille livres pour les entretenir dans l'état de médiocrité pour la plupart ; au lieu que dix Bonlangers, à deux mille livres, l'un portant l'autre, qui eft le double de bien-être, ne lui coûteroient que vingt mille francs, & gagneroient encore beaucoup fur les frais.

N°. I I I.

Explication intéreffante.

C'eft qu'il y a une grande différence entre la multiplication des concurrents libres & celle des privilégiés, faifant corps & payant leur aggrégation.

Dans l'état de pleine & libre concurrence, la multiplication s'arrête naturellement quand le profit ceffe, jufqueslà toute la diminution des prix eft au

profit du public. Les premiers qui font
librement un commerce très profitable
n'ont pas plutôt réussi, que plusieurs
s'empressent de les imiter, & qu'ils
cherchent à obtenir la préférence par le
bon marché. De diminutions en diminutions, l'objet vient à son prix, & alors
les concurrences cessent de se multiplier,
parcequ'il y auroit de la perte : c'est tant
pis pour ceux qui essaient alors, ou tant
pis pour quelques autres, si les nouveaux
venus obtiennent la préférence ; car il n'y
a pas moyen de se retrouver, comme
disent les Ouvriers, par la mal façon ou
par les taxes qui autorisent à survendre :
la liberté & la concurrence font justice de
l'un, & empêchent l'autre.

Au contraire, dans un corps privilé-
gié, quand la multiplication, même excessive, est tolérée, & en quelque sorte
provoquée comme remede au privilege
exclusif, il en résulte nécessairement le
plus qu'il est possible d'industrie pour se
retrouver, d'intrigues & de manœuvres
pour obtenir les taxes, c'est-à-dire, la

permiſſion de ſurvendre , & dans ces taxes vous trouverez qu'un des éléments
du calcul ſera néceſſairement le nombre
des privilégiés , & que la néceſſité de
répartir la ſubſiſtance d'une famille ſur
un pratique médiocre, ſera une des cauſes du renchériſſement.

C'eſt ainſi qu'on tombe infailliblement
d'un piege dans un autre , quand on part
d'un mauvais principe. Dans le fait,
c'eſt que le *commerce du pain devroit
être abſolument libre ;* c'eſt que le titre
de Boulanger ne devroit coûter ni formalités , ni frais, ni contributions annuelles. Il eſt évident d'abord que le
Peuple gagneroit tout cela ſur ſon pain ,
& c'eſt un objet pour lui ; il eſt évident
enſuite que la liberté & la concurrence
le vengeroient de toute mal façon, & de
toute envie de trop gagner.

Nᵒ. I V.

Seconde reſtriction au privilege excluſif.

Une autre reſtriction à ce privilege a
été de permettre aux Gens de la Cam-

pagne d'apporter du pain dans les Villes à certains jours de marché public ; c'eſt ce qu'on appelle les forains.

Mais l'eſprit de cette inſtitution demanderoit qu'on n'aſſujettît un commerce ſi précieux à aucunes formalités, à aucunes contraintes.

C'eſt préciſément tout le contraire qui ſe pratique en pluſieurs Villes, ſous prétexte de police, de réglements, de droits de viſite, de halle, de marché, de poids, de meſure : on y met beaucoup de gênes, beaucoup d'aſſujettiſſement & de dépendance.

Pleine liberté de vendre à ſon gré, pour le lieu, pour le temps & pour le prix : voilà ce qui multiplieroit les Forains, & aſſureroit au Peuple ſa ſubſiſtance.

Nᵒ. V.

Nouvelle reſtriction en faveur du pain de ménage.

Le pauvre Peuple des Villes eſt celui qu'on doit, autant qu'il eſt poſſible, aſ-

franchir de toute contribution sur son
pain ; c'est à lui que convient le bon pain
de ménage, ainsi que nous l'avons expliqué : rien ne seroit donc plus juste &
plus utile que d'accorder au moins pleine
franchise & liberté absolue pour le commerce de cette espece de pain.

C'est-à-dire, que dans tous les temps
& dans tous les lieux, il fût permis de
fabriquer & de vendre du pain de ménage, avec la condition de le vendre
poids pour poids, & prix pour prix,
précisément comme le plus beau bled au
marché, livre pour livre.

C'est-à-dire, que si le plus beau bled
étoit à trente livres, le commerce du pain
de ménage à deux sols & demi la livre,
& au-dessous, seroit parfaitement libre
à tous, en tout temps & en tous lieux;
si le plus beau bled étoit à vingt sept
livres, le commerce du pain, à deux sols
un liard & au-dessous, seroit parfaitement libre, & ainsi du reste, en diminuant le prix du pain libre d'un denier,
à proportion que la tête du bled dimi-

nueroit de vingt fols par feptier , mefure
de Paris , & en l'augmentant à mefure
que le plus beau bled froment augmenteroit aux marchés.

Nº. V I.

Que le privilege exclufif rend néceffaire les Fours publics.

Enfin , pour remettre peu à peu le
pauvre Peuple dans fes droits contre le
privilege des Boulangers en titre, une
excellente inftitution dans les grandes
Villes feroit celle des fours publics dont
nous avons parlé ci-deffus.

Avec tous ces palliatifs provifoires ,
on pourroit attendre le moment favorable de fupprimer totalement les corps
de Boulangers en titre , c'eft-à dire les
formalités & les frais , pour en faire une
profeffion totalement libre : opération
qui n'eft ni coûteufe , ni difficile , & qui
pourroit fervir de modele à tant d'autres
du même genre , également utiles à notre
efpece de bien public. Laiffez faire &
laiffez paffer : voilà , difoit un Citoyen

zélé & un très habile homme, (M. de Gournai, Intendant des Finances) voilà toute la police du commerce quelconque, à plus forte raifon du commerce du pain.

ARTICLE TROISIEME.

Des Ordonnances fur les diverfes efpeces de pains.

Nᵒ. PREMIER.

Des Réglements fur les pains de diverfes couleurs.

La plupart des anciens Réglements de Police n'ont eu pour bafe, comme l'opinion du Peuple des Villes, que la couleur du pain, & non fa qualité. Les Réglementaires ont diftingué le pain blanc, le pain bis blanc & le pain bis ; leur favoir n'alloit pas plus loin.

Les Boulangers titrés n'ont eu garde de les inftruire mieux, & d'ailleurs la plupart attachés à la fimple routine, n'auroient pas fu fournir de bons éclairciffements.

Dans plusieurs grandes Villes du Royaume, nous voyons une espece de guerre continuelle entre la Police & les Boulangers, sur le pain blanc & le pain bis ; en voici l'objet.

Une même mesure de grain, suivant qu'on la fait moudre bien ou mal, donne plus ou moins de farine à faire du pain blanc, & par conséquent, celle-ci prélevée, il en reste plus ou moins pour faire du pain bis.

Il y avoit même lieu de croire que le reste de farine consacrée au pain bis étoit d'autant moins bon, qu'il s'y trouvoit moindre quantité, puisqu'on en avoit extrait le meilleur pour fondre dans le pain blanc.

D'après ces deux observations, le Réglement avoit fixé la quantité de pain blanc qu'on devoit extraire d'une mesure de bled ; tout le reste devoit être mis en pain bis, & cela, disoit-on, pour le bien du pauvre Peuple, qui a besoin de bon pain bis.

Voici

Voici la premiere réflexion qu'auroient dû faire les Auteurs de pareilles Ordonnances : qui est ce qui leur en garantissoit l'exécution ? Il auroit donc fallu donner un Garde à chaque Boulanger , & que ce Garde ne l'eût pas quitté d'une minute , & qu'il se fût fait rendre un compte exact de son blutage & de sa pâte.

Tout autre moyen est insuffisant pour assurer aux prétendus Législateurs l'exécution fidele de semblables Réglements ; car un Boulanger qui voudra tirer plus de pain blanc , achétera séparément à la Campagne , de quoi faire du pain bis , si vous le forcez d'en faire & d'en vendre , & vous ne saurez pas si c'est de son bled qu'il provient , ou si c'est d'un autre.

D'ailleurs , avec ces beaux Réglements , on renchérissoit nécessairement le pain bis , sans assurer la qualité ; car enfin , supposez qu'on vende le pain blanc deux sols & demie la livre , & le pain bis deux sols , quand une seule mesure donne cent livres de blanc , & vingt-

cinq livres de bis : en ce cas-là, fi vous
forcez le Boulanger à ne faire de la même
mesure que foixante-quinze livres de
blanc, & cinquante livres de bis, il
faudra bien, pour qu'il fe retrouve
(c'eft-à dire, pour qu'il ne perde pas)
qu'il augmente le prix du pain bis ; car
enfin, fes foixante-quinze livres de pain
blanc à deux fols & demi, ne lui produifent plus que neuf livres fept fols fix deniers, au lieu de douze livres dix fols que
lui valoient les cent livres de blanc ; c'eft
donc trois livres deux fols fix deniers
qu'il doit retrouver.

Or, vingt cinq livres de pain bis qu'il
a de plus, ne fe vendant que deux fols,
comme ci devant, ne lui produiroient
que cinquante fols : donc il y auroit de
perte douze fols fix deniers.

Pour compenfer ce déficit, il faut augmenter d'un liard chaque livre de pain
bis, & ces cinquante livres portées à
deux fols trois deniers, vous rendront
les douze fols fix deniers, qui font exactement cinquante liards.

L'effet d'une pareille opération eſt donc d'augmenter d'un liard par livre, la dépenſe de ceux qui mangeent du pain bis , afin d'en faire manger auſſi à d'autres.

On ne peut pas dire avec confiance qu'il ſera meilleur , parceque le profit eſt ſi aſſuré , & la fraude ſi facile , qu'elle eſt inévitable, ſi on tient la main à l'exécution de l'Ordonnance ; & parcequ'en général , tout homme qu'on force par un Réglement arbitraire, dont il ſent le vice , ne peut réſiſter à la tentation de le violer.

C'eſt la préſomption, ou pour mieux dire , la certitude de cette pratique deſtructive du Réglement , qui répond à ceux qui voudroient rejetter ſur le pain blanc des riches les douze ſols ſix deniers manquants dans la recette du Boulanger ; ces ſoixante-quinze livres de pain blanc , augmentées de deux deniers chacune , produiroient les douze ſols & demi.

Mais il en réſulteroit toujours que le

pain des Riches auroit augmenté pour ne faire aucun bien aux Pauvres.

N°. I I.

Preuves du vice de ces Reglements.

Les Auteurs de toutes Ordonnances d'une semblable espece, partoient d'un principe que l'expérience a démontré faux, mais le plus faux qu'il soit possible. Ils imaginoient que la maniere de moudre n'étoit pas susceptible de changer & de se perfectionner : c'est la manie de tous les Réglementaires ; ils présupposent toujours que le genre humain doit faire à perpétuité comme ils le voient faire ; & c'est là-dessus qu'ils font des arrangements perpétuels à ce qu'ils croient, qui n'ont que l'inconvénient de devenir de jour en jour plus absurdes & plus funestes au Peuple, à moins qu'on ne les laisse dans le mépris.

En voici une preuve très authentique & très palpable.

Avant le mois de Novembre 1767,

on ne savoit faire dans la Ville de Dijon que la mouture à la grosse ; suivant cette méthode, trois cents soixante-deux livres de froment donnoient cent cinq livres de pain blanc , & cent quatre-vingt-sept livres de pain bis blanc. Supposez le prix du pain blanc à deux sols & demi , les cent cinq livres auroient fait treize livres deux sols six deniers. Le pain bis étant supposé à deux sols , les cent quatre vingt-sept livres auroient fait dix-huit livres quatorze sols ; le total du pain provenant des trois cents soixante-deux livres de froment , auroit été trente & une livre seize sols six deniers.

Jusqu'à la fin de l'an 1767, il auroit pu être fait un Réglement sur le pain , portant, 1°. que les Boulangers ne pourroient tirer de trois cents soixante-deux livres de froment , que la quantité de cent cinq livres de pain blanc , le reste en pain bis ; 2°. quant alors & jusqu'à nouvel ordre, taxe du pain blanc à deux sols & demi , & du pain bis à deux sols :

cette Ordonnance de Police eût reffem-
blé à mille & mille autres.

Dans le même mois, le fieur Bucquet
a mis en jeu dans la Ville de Dijon, fes
moulins préparés pour la mouture économique ; il a opéré fur trois cents foixante deux livres quelques onces de froment, en préfence des Boulangers, des
Meûniers & des Magiftrats, & il eft réfulté de fa mouture, 1°. deux cents trente
livres de pain blanc, au lieu de cent
cinq ; 2°. cent dix-huit feulement de
pain bis ; au lieu de cent quatre-vingt-
fept.

Voilà donc moins de bis & plus de
blanc, contre l'efprit des réglements vul-
gaires : oui. Mais le Peuple y perd-il,
ou non ? C'eft une affaire de calcul.

Or, mettons le pain blanc à deux fols
feulement, au lieu de deux fols & demi;
deux cents trente livres font d'abord 23
liv. : mettons de même le pain bis à
18 deniers, les cent dix-huit livres font
8 livres 17 fols ; ces deux fommes réu-

nies font 31 lſv. 17 ſols ; c'eſt-à-dire ſix deniers de plus que le prix du pain de l'ancienne mouture.

Quel eſt donc le réſultat ſelon votre ſuppoſition ? C'eſt que le pain blanc ne coûte pas plus déſormais que ne coûtoit ci-devant le pain bis ; c'eſt que celui-ci coûte 6 deniers de moins qu'auparavant.

C'eſt qu'il y a, pour tout le Public, cinquante-ſept livres de pain de profit, ſur deux cents quatre-vingt-douze, c'eſt-à-dire, beaucoup plus d'un ſixieme ; c'eſt qu'il y a ſix deniers de profit ſur le prix de chaque livre de pain blanc, c'eſt-à-dire, un cinquieme ; c'eſt qu'il y a pareillement 6 deniers de profit ſur chaque livre de pain bis, c'eſt-à-dire, un quart.

Cependant un Officier armé du Réglement, eût pu repouſſer la mouture du ſieur Bucquet comme une innovation ; & tout homme qui auroit parti d'après le Réglement (comme on le fait preſque toujours) n'auroit jamais penſé à déran-

ger la proportion des farines à pain blanc
& à pain bis.

Nous prions tous les honnêtes gens,
tous les Magiſtrats inſtruits, de réfléchir
ſur ce calcul, de parler & d'agir en conſéquence : les faits ſont très vrais, &
conſtatés par les actes les plus authentiques.

Nº. III.

Des Uſages & Réglements ſur les pains de divers poids.

Il y auſſi dans les Villes beaucoup
d'Ordonnauces ſur les petits ou les gros
pains ; la plupart ſont ſans exécution, &
méritent de demeurer toujours dans le
même oubli.

Tant qu'il y aura des riches qui vou-
dront payer des petits pains de fantaiſie,
il y aura des Boulangers qui en feront-pour
leur en vendre, aucune puiſſance humai-
ne n'eſt en état de l'empêcher ; & d'ailleurs, pourquoi l'empêcher ? Chacun
n'eſt-il pas le maître de ſon argent & de
ſa denrée ?

Des Réglements bifarres ont ordonné en certains temps & dans certaines Vil-les, que les Boulangers cacheroient dans leurs maifons les petits pains, les pains mollets de pâte recherchée, & qu'ils n'ex-poferoient fur leurs boutiques que du gros pain. C'étoit une belle occupation pour des Légiflateurs & des Tribunaux fouverains, que d'ordonner de pareilles fingeries.

Le fait eft que les petits pains font plus chers que les gros, toutes chofes égales d'ailleurs, parceque les petits s'évaporent plus, & les gros moins, à la cuiffon.

Mais c'eft l'affaire de celui qui achette volontairement, & de celui qui vend; l'autorité n'a pas befoin de s'en mêler.

Nº. I V.

De l'exactitude de la pefée.

Il y a un article plus délicat, c'eft ce-lui de la pefée. Nous avons dit en quelle proportion il falloit mettre la pâte au four, pour en retirer des pains du poids qu'on s'étoit propofé.

La moindre réflexion fera sentir que malgré la plus grande exactitude dans la pesée, il peut arriver beaucoup d'accidents, soit qu'ils proviennent des fours, soit qu'ils proviennent de la pâte, de l'eau, du temps & d'autres semblables causes naturelles.

Alors il y aura quelques onces de plus ou de moins à redire sur les pains, sans que la fraude s'en mêle.

Il est vrai que les marchands de mauvaise foi, peuvent se faire un titre de ces accidents naturels, pour tenir toujours leurs pains à un poids inférieur à celui qu'ils devroient avoir ; c'est un vol fait au pauvre Peuple, qui devient pour lui d'une très grande importance.

On s'est empressé de conclure qu'il falloit des inspecteurs, des visites, & par conséquent des formalités & des droits ; mais cette conséquence est aussi fausse que toutes les autres qui ont fondé les reglemens & les visiteurs de toute espece.

Le Peuple a trop de bon sens pour avoir jamais demandé rien de pareil, parcequ'il sait bien que tous ces prétendus surveillans se font payer, & qu'il faut ajouter leurs salaires au prix de son Pain ; il sait bien encore que plusieurs, après s'être fait payer pour prendre ses intérêts, se font repayer par les Marchand frauduleux, pour les sacrifier.

Une paire de balance suffit pour juger du poids. Quand vous aurez établi la liberté & la concurrence, le Peuple qui peut toujours peser, tant en présence du Boulanger qu'en son absence, quittera même avec éclat & murmure ceux qui tromperoient sur le poids, il donnera sa confiance, & par conséquent le profit d'une bonne vente, à ceux qui feront bon poids ; & voilà la regle établie sans frais & sans dangers

Sous la loi des priviléges exclusifs, des contraintes, & des manœuvres qui en résultent, la prétendue police des poids est une des armes qu'emploient l'esprit de monopole : si un seul Boulanger vouloit mettre les profits au rabais, même dans les cas où l'adresse des priviléges &

la connivence des Infpecteurs les rendoit exceſſifs ; les Jurés & les Infpecteurs avoient tout prêt pour le vexer, l'inf-pection continuelle & les peines attachées à ce qu'on appelloit faux poids.

C'eſt ainſi que tout réglement, même celui qui paroît le plus juſte & le plus raiſonnable, entraîne toujours à ſa ſuite les plus terribles inconvéniens, qu'on ne connoît qu'avec beaucoup de réflé-xions, mais qui cauſent, en attendant, des maux infinis au pauvre peuple.

Rien ne paroiſſoit plus équitable aux Juriſtes réglementaires, que d'exiger qu'un pain annoncé pour pain de quatre livres eût en effet ce poids ; rien ne leur ſembloit plus manifeſte que la fraude d'un boulanger qui ne donnoit que trois livres dix ou douze onces, au lieu de quatre livres de pain.

Mais s'ils avoient réfléchi à l'impoſ-ſibilité phyſique de prendre toujours des meſures juſtes & invariables dans une fabrication toute compoſée d'élémens variables mais très variables, non ſeulement d'année en année, mais de lieu à lieu, de jour à jour, de moment en moment, tels que l'eau, l'air, le feu, la farine, le sel, l'art, la force, l'adresse, la vivacité d'un homme ; ils auroient vu premierement, que leur réglement étoit absurde dans son principe, & qu'ils confondoient nécessairement la bonne foi trompée par les circonstances avec la fraude méditée.

Il étoit d'autant plus injuste d'attacher une amende & un deshonneur au défaut de quelques onces dans le poids, qu'on n'autorisoit pas le Boulanger à se faire surpayer l'éxcédent quand il y en avoit, le Peuple ne s'y prêteroit pas.

La crainte des saisies & des peines obligeroit donc le Boulanger honnête, à excéder ; mais il en résulte un renchérissement, c'est la suite infaillible.

Les calculs étant établis sur cette base, les Boulangers plus curieux de profiter que de conserver leur réputation, couroient les risques & tomboient souvent au-deſſous, quelqu'uns achetoient l'impunité en ſalariant les ſubalternes des prépoſés à la Police, & le pauvre Peuple ſurpayoit comme s'il avoit eu de l'excédent pendant qu'il avoit du pain de manque.

Mais le pire de tous les effets de ce réglement, c'eſt qu'il peut ſervir de prétexte honnête à la vexation, & retenir par-là tous les Boulangers qui auroient l'émulation de ſe diſtinguer par le bon prix & le plus grand avantage du Public.

Il faut donc encore abandonner au Peuple & à la liberté la police du poids, qu'ils font bien plus ſûrement que les Inſpecteurs, & cela ſans nul abus & ſans nul danger.

N°. V.

De la Qualité des Pains, & de leur Compoſition.

Une choſe très eſſentielle, c'eſt qu'il ſoit abſolument libre de mêler les farines & les grains, pour en faire des pains de toutes les qualités agréables aux conſommateurs.

Tous les Réglements qui ordonnent, ou qui défendent de faire du pain de telle ou telle sorte, sont absurdes & préjudiciables au public.

Mais, diront les Réglémentaires, & leurs Partisans, le Peuple ne s'y connoît pas, il sera trompé sur la qualité. Ils croyent cette objection invincible.

La réponse est pourtant bien simple. Le Peuple ne s'y connoît pas, dites-vous? Eh bien, apprenez lui à s'y connoître; c'est une chose très facile, bien plus aisée que de faire des Réglements qui aient du bons sens, de la justice & point d'inconvénients; c'est une chose bien plus aisée que de faire exécuter les Réglements, mêmes le plus sages, par des personnes intéressées à les violer; c'est une chose bien plus aisée que de s'assurer de l'exactitude des surveillants, soit principaux, soit subalternes; de leur intelligence, de leur bonne-foi & de leur désintéressement.

Instruisez le Public, apprenez lui à connoître les farines & les pains qu'elles

produifent ; ne vous laffez pas d'inftruire ; c'eft le premier & le plus augufte devoir de l'autorité. Plus vous y mettrez de
foins, de talents, de perfévérance,
plus vous étendrez & vous confirmerez
les connoiffances parmi le Peuple.

Quand il y aura dans le Public un
certain nombre de Perfonnes inftruites ;
elles deviendront les inftituteurs & les
confeils des autres. Les connoiffances
utiles vont bien plus vîte qu'on ne penfe
communément, quand on s'y prend bien

Le point qui nous paroît le plus effentiel pour le Peuple, c'eft le pain de
ménage, & la farine affortie qui convient pour le faire bon & en quantité convenable. Nous ne ceffons de le répéter,
& nous exhortons tous les bons & honnêtes Citoyens à le faire connoître, à le
faire adopter dans les grandes Villes.
C'eft le vrai pain du Peuple.

Article Quatrieme.

Des taxes du Pain.

N°. Premier.

Fondement de toutes les Taxes.

Le privilége exclufif des Boulangers titrés à prix d'argent, & rançonnés par des exactions, foit publiques, foit privées, foit permanentes, foit accidentelles, & la crainte de faire foulever le pauvre Peuple, par l'exceffive chereté du pain, a fait imaginer prefque par tout de fixer le prix du pain.

Voici les idées qui ont fervi de bafe à ces opérations diverfes. Premierement, a-t-on dit, il faut favoir combien une certaine mefure de bled donne de farine; fecondement, combien une telle quantité de farine donne de pain, de telles ou telles efpeces, troifiemement, combien coutent les frais indifpenfables de la fabrication en pain ; quatriemement, ce qu'il convient d'ajouter pour l'entretien du Boulanger & de fa famille, fes im-

pôts, l'intérêt de fes avances, fes rif-
ques, fes pertes, &c. Ces quatre points
ont été les premiers éléments de tous les
calculs qui ont fervi à faire des taxes.

N°. II.

Tous les éléments qu'on emploie dans
ces opérations, ne peuvent jamais être
calculés avec précifion, ni donner un
réfultat ftable & permanent.

La premiere idée qui devoir venir à
l'efprit de ces Spéculateurs réglémentaires, c'eft qu'il n'y a pas un feul de ces
objets qui puiffent être calculé avec la
moindre précifion ; nous en avons donné
les preuves de détail dans tout le cours de
cet Avis au Peuple.

1°. Combien telle mefure de bled
rend-elle de farine ? C'eft felon le terroir,
l'année, la confervation, la manutention, la qualité ; c'eft encore felon le
moulin, le Meûnier, l'eau, le vent &
la faifon.

2°. Combien telle mefure de farine
rend-elle de pain ? C'eft encore felon les

qualités du bled & de la mouture ; c'est selon qu'on a bien ou mal conservé & manipulé les farines ; c'est selon le temps où elles sont employées ; c'est suivant l'eau, le sel, l'adresse & la force du Boulanger.

3°. Combien de frais indispensables ? C'est encore suivant le temps & les circonstances ; selon les especes de pain, les moyens du Maître, la police, les gênes ou la liberté.

4°. Combien l'entretien du Boulanger & de sa famille, ses impôts & ses intérêts ? Ce sont encore d'autres combinaisons aussi variables que tout le reste.

Comment peut-on asseoir là-dessus une taxe raisonnable ? Prenons disent les Réglementaires, prenons en tout le prix mitoyen.

Oui : mais vous faites deux especes d'injustices. A tel vous faites acheter son pain plus cher qu'il ne l'acheteroit ; à tel autre, vous le faites acheter à meilleur marché, mais c'est aux dépens du premier : le Boulanger s'y retrouvera peut-être ; à la bonne-heure je veux bien qu'il n'ait point à se plaindre en ce cas.

Mais de quel droit imposez-vous une surcharge à l'un de vos Concitoyens au préjudice de l'autre ? Et cela uniquement pour vous mêler des affaires d'autrui.

Moi , je suis actuellement en cette Ville ; je me sers aujourd'hui de tel Boulanger , & je consomme telle espece de pain : vos taxes qui partent d'après un taux mitoyen me font payer mon pain beaucoup plus cher que le prix naturel, où il seroit sans vous. C'est de l'argent qu'il m'en coute , & cet argent est à moi ; de quel droit en disposez-vous ?

C'est, dira-t-on , que dans quelques temps vous vous trouverez au pair ; parceque le lieu où vous êtes, le Boulanger dont vous vous servez, le pain que vous consommez, se trouveroient, par les circonstances naturelles , combiné de maniere à excéder la taxe ; alors vous regagnerez ce que vous perdez aujourd'hui.

Je réponds, 1°. quand cela seroit vrai, je ne vous aurois aucune espece d'obligation; car je ne me trouverois jamais qu'au pair de ce que j'aurois éprouvé sans vous, par la simple liberté, par la concurrence; j'aurois acheté d'abord à meilleur marché, puis plus cher, & en somme totale je n'aurois pas dépensé plus. Quel service me rendez-vous donc en violant ainsi ma liberté, & en vous faisant le tuteur, fort inutile, de ma bourse.

2°. Qui est-ce qui m'assurera que je me trouverai toujours également au-dessus & au-dessous de la taxe par alternatives égales, sans bénéfice, ni perte? Si je perds, c'est pour moi; si je bénéficie, c'est aux dépends de quelqu'autre. Mais pouvez-vous me répondre sur l'égalité? (car je ne veux ni gagner, pour n'être pas complice d'un vol fait à mon prochain; ni perdre, pour n'être pas dupe des Réglementaires, & de leur manie d'être les Curateurs de tout le genre humain).

3°. Comment pourriez-vous m'en répondre ? Vous l'ignorez ; & je vous dé-
fie avec toute la Science , avec toutes les
Ordonnances , avec touts les Officiers
imaginables , d'acquérir cette connoif-
fance , qui dépend d'un million de combinaifons , dont les trois quarts font de
telle nature qu'il vous eft impoffible d'en
favoir tous les détails.

Les peines que vous prendriez font
donc très inutiles ; car la liberté & la
concurrence établiroient fans vous le
prix naturel. Chacun achetant tous les
jours à ce prix , il n'y auroit perfonne
de lézé , aucune crainte même de l'être.

N°. I I I.

Illufion de tous les effais.

D'ailleurs , tout le monde fait ajour-
d'hui quelle foi on doit ajouter aux
épreuves qui fervent pour l'ordinaire de
bafe à ces taxes. Les Boulangers inftruits
& honnêtes les tournent ouvertement en
dérifion.

Le plus mal-adroit , en apparence ,

des Meûniers & des Boulangers, va tromper énormément en fa préfence le plus habile & le mieux intentionné des Hommes en place.

Tous les effais faits en divers temps, en divers lieux, par des perfonnes inté- reffées, ont le caractere diftinctif de la fraude la mieux combinée.

N°. I V.

Premiere efpece de raifons qui occafionnent la diverfité des prix du pain.

1°. La rareté des moulins économi- ques, même dans Paris & les environs; le défaut total de ces moulins en Pro- vince. Premiere caufe qui enchérit le pain.

2°. Les années pluvieufes, où le bled eft verfé, où la récolte eft plus abon- dante dans les plaines graffes & humides; moindre dans les terroirs fecs & pier- reux. Caufe périodique de la cherté du pain.

3°, Le prix de la main-d'œuvre & du bois; autre caufe de la cherté du pain.

4°, Frais extraordinaires, impôts &

autres furcharges ; raifon légitime pour le Boulanger d'augmenter fon pain.

Il eſt bien vrai qu'un Boulanger riche, qui achette fon bled dans le bon temps, & le bon terroir, qui le garde jufqu'à parfaite maturité, qui le fait moudre à point & à profit, qui conferve bien fes farines, qui les emploie avec art & avec foin, gagne plus que les autres ; mais ce plus eſt le falaire de fon travail & l'intérêt de fon argent, peut-on le taxer, le doit-on ? Non, fans doute.

N°. V.

Seconde efpece de caufe du même effet.

La maniere de combiner les farines, ou le défaut d'intelligence, les préjugés populaires & les mauvaifes habitudes, peuvent auſſi faire un grand effet fur le prix du pain.

Prenons pour exemple la Ville de Paris, le Peuple y a la mauvaiſe coutume de juger le pain par les yeux ; il ne re-garde que la couleur, il lui faut du pain blanc.

Eh

Eh bien! on lui fait du pain de pâte ferme avec la farine de bled : qu'en réfulte-t-il ? 1°. C'eft qu'un boiffeau de cette farine, pefant douze livres & demie, ne boit qu'environ huit livres & demie d'eau, pendant que pareil poids de farine à faire pain de ménage, boit neuf livres cinq onces d'eau.

2°. C'eft que le boiffeau ne produit que feize livres treize onces de pain, & qu'en pain de ménage, il y en auroit eu dix fept livres quatre onces.

De là vient que le pain eft beaucoup plus cher ; mais, en outre, il eft moins nourriffant, parceque la farine de bled a moins de fubftance, le germe n'y étant pas ; mais encore ce pain eft fans bon goût, même quand il eft frais, ce qui ne dure qu'un jour ; car ce n'eft plus à la feconde & la troifieme journée que de la farine infipide.

Enfin le Peuple de Paris veut des pains longs de quatre livres, & pour cela, il faut pefer quatre livres onze onces, c'eft-à-dire, perdre à l'évaporation prefque les deux tiers d'une livre fur quatre, au lieu qu'en pain de huit livres, on ne perdroit que huit onces ou la moitié d'une livre sur quatre.

D'où il résulte que le pain du Peuple de Paris est le plus cher dans son espece qu'il soit possible de faire, qu'il a moins de goût, qu'il est moins nourrissant, qu'il se conserve moins frais & mangeable.

Que voulez-vous que fassent des taxes & des tarifs à cet inconvenient certain & irrémédiable, tant que le Peuple voudra prendre le pain à la couleur, tant qu'il sera maintenu dans les préjugés par les personnes mêmes qui se croient sensées ?

Nᵒ V I.

Moyen bien simple & bien naturel, qui paroît plus juste, plus facile & moins sujet à inconvénients que les taxes.

Il y a un terrible danger à toutes les taxes, qui ne doit jamais être perdu de vue, c'est que toute taxe, même en la supposant faite par des intelligences supérieures qui fauroient tout, ne porteroit que fur le prix moyen.

Or voici ce qui arrive : tant que les circonftances donnent du bénéfice au-delà du prix moyen, les Boulangers en profitent tous, les plus honnêtes ont raifon de le faire. Quand les circonftances donneroient de la perte, alors les moins honnêtes ont recours à des ftratagêmes pour fe retrouver, comme ils difent, & ce qui n'eft poffible qu'au préjudice du Peuple.

Auffi on furpaie inutilement dans le premier cas, fans recueillir de profit dans le fecond.

Le plus fimple eft donc de laiffer la pleine liberté fur-tout au commerce du pain de ménage, en inftruifant le Peuple fur la maniere de fe connoître en bled, en farine & en pain; c'eft-là le réfultat de notre troifieme Traité.

N°. VII.

Réfumé général.

Le pain de ménage compofé de toutes farines, fans rien ôter que le fon & les

TABLE.

Fin de la Table.